Frauke Steffek

Cindy und Marcel – Eine Liebesgeschichte?!

Eine Geschichte zum Mitentscheiden

Wir verwenden in unseren Werken eine genderneutrale Sprache, damit sich alle gleichermaßen angesprochen fühlen. Wenn keine neutrale Formulierung möglich ist, nennen wir die weibliche und die männliche Form. In Fällen, in denen wir aufgrund einer besseren Lesbarkeit nur ein Geschlecht nennen können, achten wir darauf, den unterschiedlichen Geschlechtsidentitäten gleichermaßen gerecht zu werden.

In diesem Werk sind nach dem MarkenG geschützte Marken und sonstige Kennzeichen für eine bessere Lesbarkeit nicht besonders kenntlich gemacht. Es kann also aus dem Fehlen eines entsprechenden Hinweises nicht geschlossen werden, dass es sich um einen freien Warennamen handelt.

7. Auflage 2025
© 2012 PERSEN Verlag, Hamburg

AAP Lehrerwelt GmbH
Veritaskai 3
21079 Hamburg
Telefon: +49 (0) 40325083-040
E-Mail: info@lehrerwelt.de
Geschäftsführung: Andrea Fischer, Sandra Saghbazarian
USt-ID: DE 173 77 61 42
Register: AG Hamburg HRB/126335
Alle Rechte vorbehalten.

Das Werk als Ganzes sowie in seinen Teilen unterliegt dem deutschen Urheberrecht. Die Erwerbenden einer Einzellizenz des Werkes sind berechtigt, das Werk als Ganzes oder in seinen Teilen für den eigenen Gebrauch und den Einsatz im eigenen Präsenz- wie auch dem Distanzunterricht zu nutzen. Produkte, die aufgrund ihres Bestimmungszweckes zur Vervielfältigung und Weitergabe zu Unterrichtszwecken gedacht sind (insbesondere Kopiervorlagen und Arbeitsblätter), dürfen zu Unterrichtszwecken vervielfältigt und weitergegeben werden.

Die Nutzung ist nur für den genannten Zweck gestattet, nicht jedoch für einen schulweiten Einsatz und Gebrauch, für die Weiterleitung an Dritte einschließlich weiterer Lehrkräfte, für die Veröffentlichung im Internet oder in (Schul-)Intranets oder einen weiteren kommerziellen Gebrauch. Mit dem Kauf einer Schullizenz ist die Schule berechtigt, die Inhalte durch alle Lehrkräfte des Kollegiums der erwerbenden Schule sowie durch die Schülerinnen und Schüler der Schule und deren Eltern zu nutzen.

Nicht erlaubt ist die Weiterleitung der Inhalte an Lehrkräfte, Schülerinnen und Schüler, Eltern, andere Personen, soziale Netzwerke, Downloaddienste oder Ähnliches außerhalb der eigenen Schule.
Eine über den genannten Zweck hinausgehende Nutzung bedarf in jedem Fall der vorherigen schriftlichen Zustimmung des Verlags. Sind Internetadressen in diesem Werk angegeben, wurden diese vom Verlag sorgfältig geprüft. Da wir auf die externen Seiten weder inhaltliche noch gestalterische Einflussmöglichkeiten haben, können wir nicht garantieren, dass die Inhalte zu einem späteren Zeitpunkt noch dieselben sind wie zum Zeitpunkt der Drucklegung. Der PERSEN Verlag übernimmt deshalb keine Gewähr für die Aktualität und den Inhalt dieser Internetseiten oder solcher, die mit ihnen verlinkt sind, und schließt jegliche Haftung aus.

Die automatisierte Analyse des Werkes, um daraus Informationen insbesondere über Muster, Trends und Korrelationen gemäß § 44b UrhG („Text und Data Mining") zu gewinnen, ist untersagt.

Autorschaft:	Frauke Steffek
Covergestaltung:	TSA&B Werbeagentur GmbH, Hamburg
Coverfoto:	© helix
Satz:	Satzpunkt Ursula Ewert GmbH, Bayreuth
Druck und Bindung:	Esser printSolutions GmbH, Bretten
ISBN/Bestellnummer:	978-3-403-23151-6

www.persen.de

Inhaltsverzeichnis — Cindy

Kapitel 1 . . . . Seite 6

Kapitel 2 . . . . Seite 10

Kapitel 3 . . . . Seite 14

Kapitel 4 . . . . Seite 23

Kapitel 5a . . . . Seite 27

Kapitel 6a . . . . Seite 30

Kapitel 7a . . . . Seite 37

Kapitel 8a . . . . Seite 45

Kapitel 9a . . . . Seite 49

Kapitel 5b . . . . Seite 54

Kapitel 6b . . . . Seite 59

Kapitel 7b . . . . Seite 62

Kapitel 8b . . . . Seite 67

Kapitel 9b . . . . Seite 71

Übersicht

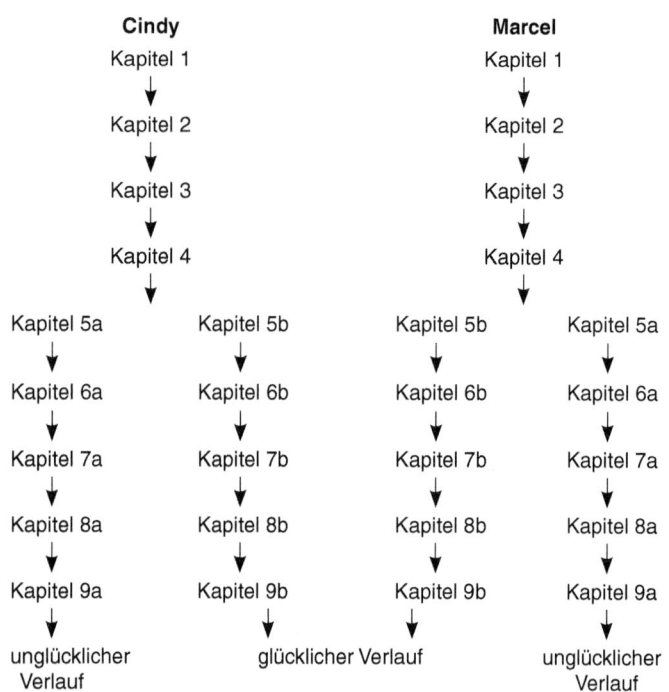

Ende

Liebe Leserin, lieber Leser,

das Buch „Cindy und Marcel – eine Liebesgeschichte?!" ist ein besonderes Buch!
Bevor du anfängst zu lesen, solltest du Folgendes wissen:

- In dem Buch werden zwei Geschichten erzählt: Die von Cindy und die von Marcel. Blätterst du gleich um, beginnt die Geschichte von Cindy. Drehst du das Buch und beginnst dort, liest du die Geschichte von Marcel.

- In beiden Geschichten gibt es eine Stelle (am Ende von Kapitel 4), an der du dich für Cindy oder für Marcel entscheiden musst.

- Dort findest du auch den Hinweis, auf welcher Seite die Geschichte – je nachdem, wie du dich entschieden hast – weitergeht.

- Beide Geschichten können also zwei unterschiedliche Verläufe nehmen. Das heißt, jede Geschichte hat zwei unterschiedliche Enden.

Nun wünsche ich dir viel Spaß beim Lesen und vor allem beim Entscheiden!

Frauke Steffek

Kapitel 1

„Lass mich in Ruhe!", schreit Cindy.
Wütend blinzelt sie ihre Mutter an.
Sie nimmt ihr Mathearbeitsheft vom Tisch,
rennt in ihr Zimmer und knallt die Tür zu.
5 „Eltern haben ja keine Ahnung!", denkt Cindy,
als sie die MP3 startet. Die *Icecubes* ertönen
in voller Lautstärke. Cindys Lieblingsband!
Sie wirft sich auf ihr Bett und singt mit.
Cindy kennt alle Texte auswendig. Sie ist
10 der größte Fan dieser Band, ganz speziell
vom Sänger, Jack.
Über ihn weiß sie alles.
Sie sammelt jeden Schnipsel über ihn und
inzwischen ist aus den gesammelten
15 Zeitungsartikeln schon ein dicker Ordner geworden.
Seine Homepage kennt sie auswendig.
Ihr Zimmer ist mit Postern
von Jack und den *Icecubes* tapeziert.

Während sie laut ihr Lieblingslied „Not me"
20 mitsingt, blickt sie in Jacks große blaue Augen,
die sie von ihrer Zimmerdecke anstarren.
Cindy schließt die Augen und träumt von Jack.
Sie würde ihn so gerne einmal treffen!

Er würde sie bestimmt auch sehr mögen.
Alle würden zu ihr aufblicken,
wenn sie seine Freundin wäre.
Alle ihre Freundinnen wären neidisch.
5 Bei seinen Konzerten würde sie immer vorne
in der ersten Reihe stehen und nachher mit ihm
auf die „After-Show-Party" gehen. Sie würden
ein schönes Leben führen und hätten viel Geld.
Niemand würde die Sechs interessieren,
10 die sie in der Mathearbeit geschrieben hat.

Cindys Gedanken wandern zu ihrer Mutter.
Warum müssen Eltern immer so spießig sein?
Schule ist doch nicht alles im Leben!
In der letzten Zeit fühlt sie sich von ihrer Mutter
15 gar nicht mehr verstanden. Sie versteht auch nicht,
warum ihre Mutter wegen der Sechs in Mathe so
ausflippt. Sie will später sowieso nichts mit Mathe
machen ... und wenn sie dann die Frau von Jack ist,
dann muss sie auch gar nicht arbeiten, weil ja
20 Jack genügend Geld verdient. Sie kann dann
nach Herzenslust shoppen gehen und abends,
wenn sie sich sehen, wird er ihre neuen Klamotten
bewundern und sie küssen.
Cindy steht auf und geht zu ihrem Spiegel.

Sie blickt sich an, bewegt sich, tanzt.
Eingehend betrachtet sie ihren Körper.
Ob Jack sie schön fände?
Sie hat lange dunkle Haare, schon kleine Brüste
5 und eigentlich eine ganz gute Figur.
Cindy blickt wieder in den Spiegel.
Sie schneidet ein paar Grimassen,
bis sie anfangen muss zu lachen.
In dem Moment klopft es an der Tür.
10 Ihre Mutter steckt den Kopf herein. „Na, das sieht
ja fast so aus, als ob du dich beruhigt hättest.
Lara ist am Telefon." Cindy nimmt das Telefon und
macht ihrer Mutter ein Zeichen, damit sie
die Tür zumacht – und zwar von außen.
15 „Hallo Lara, du kannst dir gar nicht vorstellen,
was meine Mutter für einen Stress wegen
der blöden Sechs in Mathe gemacht hat!"
Cindy erzählt Lara alles von dem Streit.

Lara hat es gut! Ihre Eltern arbeiten beide
20 ganztags und sind nicht so streng mit der Schule.
Cindy beneidet Lara um ihre Eltern. Lara hingegen
würde sich freuen, wenn ihre Eltern auch mal nach
der Schule fragen würden. Sie hat immer
das Gefühl, dass ihre Eltern sich gar nicht

für sie interessieren.

Nun ist Lara endlich an der Reihe:

„Cindy, ich habe tolle Neuigkeiten! Stell dir vor, mein Cousin hat mich gerade angerufen. Du weißt doch, dass er für diese Messebau-Firma arbeitet. Jedenfalls hat er mir gerade zwei Freikarten geschenkt. Du rätst nicht, für wen!"

„Nee, oder? Etwa für die *Icecubes*?",
Cindy ist kurz davor loszukreischen.

„Genau! Ist das nicht geil? Und ich dachte mir, da nehme ich dich mit!"

Cindy kreischt ins Telefon: „Oh, wie geil! Wann ist das noch mal? Was soll ich denn bloß anziehen? Ich flippe gleich aus vor Freude! Danke, Lara!"

Cindy ist außer sich vor Freude. Nun wird sie ihrem Idol endlich näher kommen ...
Leider muss sie sich bis zum Konzert
noch einige Wochen gedulden.

Kapitel 2

Am nächsten Morgen in der Schule haben Lara und Cindy kein anderes Gesprächsthema.
Sie sind ja so aufgeregt! Cindy überlegt immer noch, was sie wohl anziehen soll und
nachts träumt sie sogar von dem Konzert.
Sämtlichen Mitschülerinnen in ihrer Klasse erzählen die beiden davon. Bestimmt sind die anderen jetzt alle sehr neidisch!

„Erde an Cindy, Erde an Cindy!", dröhnt es plötzlich in Cindys Ohren. Sie blickt auf. Vor ihr steht Herr Fischer, der Mathelehrer, der, bei dem sie die Sechs geschrieben hat. Er sieht sie mit zusammengekniffenen Augen an.
„Würde sich unser Fräulein Oberschlau vielleicht mal wieder am Unterricht beteiligen?
Ich glaube kaum, dass du es dir leisten kannst, im Unterricht zu träumen!"
Cindy spürt, wie sie rot wird. So ein Mist!
Sie hat nicht einmal bemerkt,
dass der Unterricht begonnen hat.
Sie kann einfach nur noch an Jack denken.
Es ist mucksmäuschenstill in der Klasse.
Was war noch mal die Frage?

Cindy sieht sich Hilfe suchend nach Lara um,
aber die zuckt auch nur mit den Schultern.
„Das gibt einen Anruf bei deinen Eltern, Cindy.
Du passt nicht auf! Dabei stehst du schon auf fünf.
5 Mündlich beteiligst du dich nicht.
Deine Hausaufgaben sind oft nicht gemacht, und
wenn, dann nur unvollständig und vermutlich
von deiner Freundin abgeschrieben.
Deine letzte Arbeit war eine Sechs. Ich weiß nicht,
10 was ich mit dir machen soll!"
Cindy sieht betreten zu Boden. Sie hofft, dass
der alte Fischer gleich fertig ist. Sie hat das Gefühl,
dass alle sie anstarren. Bestimmt ist sie immer noch
ganz rot.
15 Cheyenne und Fara kichern. Dafür ernten sie
von Herrn Fischer ebenfalls einen bösen Blick.

Herr Fischer wiederholt seine Frage und Adnan
springt ein. Er hat zum Glück die richtige Antwort
parat. Cindy ist erleichtert, als der Unterricht wieder
20 seinen normalen Gang geht. Sie bemüht sich,
aufzupassen. Trotzdem ist sie froh, als es
wenige Minuten später zur Pause klingelt.

Auf dem Schulhof reden Cindy und Lara wieder über ihr Lieblingsthema. Plötzlich packt sie jemand bei den Schultern. Vor ihnen steht Adnan. Er grinst.
„Ey, ihr Schnecken! Seid ihr wieder mal
in anderen Welten?"
„Halt die Klappe, Adnan!", stöhnen Lara und Cindy wie aus einem Mund.
„Hey, keine Panik, Leute! Ich wollte euch nur zu meiner Geburtstagsparty am Wochenende einladen. Samstag um halb acht. Meine Alten sind ausgeflogen! Also habe ich sturmfrei! Wäre cool, wenn ihr was zu trinken mitbringen könntet! Ciao, man sieht sich!"
Mit diesen Worten verschwindet Adnan.
Die Mädchen sehen sich an und müssen lachen.
„Was war das denn?", kichert Lara.
„Der hat so einen an der Marmel! Das gibt es gar nicht!" Cindy sieht ihm hinterher.
„Also ich finde ihn ja irgendwie ganz süß!",
sagt Lara, wobei sich ihr Gesicht leicht verfärbt.
„Was? Bist du etwa in den verknallt?",
schreit Cindy entgeistert.
„Schsch! Oder soll das gleich

die ganze Schule erfahren?" Lara hält Cindy die Hand vor den Mund.

„Also gut!", grinst Cindy. „Gehen wir hin!"

Kapitel 3

Am Samstag treffen sich die Mädchen bei Lara,
um sich gemeinsam für die Fete schick
zu machen. Sie stehen vor dem Spiegel und
probieren mehrere Klamotten aus.

5 Nach langem Hin und Her entscheidet sich Lara
für einen sehr kurzen Rock und ein enges Oberteil.
Cindy zieht ihre neue Jeans und ein enges Top an.
Dann setzen sie sich gemeinsam
an Laras Schminktisch.

10 „So, jetzt geht's los!" Lara holt
einen neuen Mascara und Lidschatten hervor.
„Hast du so was schon mal gemacht?", fragt sie
Cindy mit leuchtenden Augen.
„Nee, aber ich habe schon ein paar Mal

15 bei meiner Mutter zugesehen. Zuerst kommt
der Lidschatten." Cindy nimmt Lara den Lidschatten
aus der Hand und greift das kleine Pinselchen.
Beherzt zieht sie ihn
durch das schimmernde Puder und kneift

20 ein Auge zu, während sie den Lidschatten aufträgt.
Lara sieht gespannt zu.
„Nicht zu dick! Sonst sieht das scheiße aus!",
murmelt Cindy.
Als sie fertig ist, reicht sie das Döschen an Lara.

Lara macht es Cindy nach.

„So, jetzt kommt der Mascara." Cindy begutachtet den Stift und liest: „Für extra lange Wimpern mit Volumen. Star Effekt! – Na, wenn das nichts ist.
5 Da müssen uns die Jungs ja eigentlich scharenweise hinterherlaufen!"
Sie kichern und bemühen sich, den Mascara mit ruhiger Hand aufzutragen.
Als sie damit fertig sind, zieht Cindy noch
10 einen Lip Gloss aus ihrer Tasche.
Anschließend begutachten sie ihr Werk.
„Wir sehen doch einfach umwerfend aus, oder?", grinst Lara in den Spiegel.
„Da wird Adnan aber Augen machen!
15 Jetzt fehlt nur noch etwas Schmuck."
Sie wühlen in Laras Schmuckkiste, bis sie beide etwas Passendes gefunden haben.
Wenig später gehen sie die Treppe hinunter.

Unten begegnen sie unglücklicherweise
20 Laras Vater. Er blickt an den Mädchen herunter.
„So gehst du mir aber nicht aus dem Haus!", brummt er Lara an.
„Wieso denn nicht? Das sieht doch geil aus!"
Verständnislos sieht Lara ihren Vater an.

„Geil? Du siehst aus wie ein Flittchen!
Kommt gar nicht infrage. Sieh dir Cindy an.
Das sieht doch auch gut aus!"
„Oh Mann, du hast überhaupt keine Ahnung!",
schreit Lara. Ihre Augen funkeln wütend.
„Da ist doch nichts dabei! So laufen alle rum!"
Ihr Vater versperrt ihnen den Weg zur Haustür.
„Du bist aber nicht alle! Und ich will nicht,
dass meine Tochter mit 13 Jahren so
auf die Straße geht. Da muss ich ja Angst haben!
Ab in dein Zimmer! Wenn du noch
auf diese Party gehen willst,
dann nur mit vernünftigen Klamotten.
Sonst bleibst du zu Hause!"
Wütend stampft Lara die Treppe wieder hoch.
Während ihr die Tränen über das Gesicht laufen,
brüllt sie ihrem Vater zu: „Das ist ungerecht!
Warum habe ich solche Scheiß-Eltern?"
Mit einem lauten Türenknaller verschwindet sie
in ihrem Zimmer.
Cindy läuft schnell hinterher.
Im Zimmer versucht sie Lara zu trösten.
„Du darfst jetzt nicht heulen! Dann verläuft
das ganze Make-up! Wir finden bestimmt
eine Jeans, die auch zu dem Oberteil passt!"

Lara schnieft noch einmal, dann stellen sich
die Mädchen wieder vor den Schrank und finden
schließlich doch noch eine Alternative
zum kurzen Rock.

5 Laras Vater nickt zufrieden,
als sie sich verabschieden.
„Um zehn seid ihr aber wieder zu Hause!",
ruft er ihnen noch hinterher.

Lara stöhnt, als sie draußen sind.
10 „Zehn. Das ist doch viel zu früh! Da fängt die Party
doch gerade erst an! Meine Eltern sind
solche Spießer!"
„Tröste dich! Meine sind auch nicht besser.
Ich hätte auch nicht länger gedurft.
15 Meine Eltern haben nur nichts gesagt,
weil sie ja wissen, dass ich bei dir schlafe!"
Sie trotten nebeneinander her. Zum Glück wohnt
Adnan nur einen Häuserblock entfernt.
Seine Eltern haben ein kleines Haus mit Carport.
20 Schon von Weitem hört man Stimmen und
laute Musik.
Plötzlich schreit Lara erschrocken auf:
„Wir haben ja gar nichts zu trinken dabei!
Dabei sollten wir doch etwas mitbringen!"

Mit siegessicherem Blick zieht Cindy zwei
Flaschen Bier aus ihrer Tasche. „Tara!"
„Bier? Schmeckt das nicht voll eklig bitter?"
„War leider das einzige, was wir noch
5 im Kühlschrank hatten!" Cindy guckt Lara
entschuldigend an.
„Na ja, wird schon gehen!"
Dann betreten sie den Carport und finden auch
sofort Adnan. Er steht
10 mit einem anderen Jungen am Notebook.
Sie scheinen Musik auszusuchen.
Als Adnan die Mädchen kommen sieht, grinst er.
„Hey, ihr Zuckerschnecken, da seid ihr ja!"
„Hallo!", rufen Cindy und Lara wie
15 aus einem Mund gegen die laute Musik an.
„Darf ich euch Marcel vorstellen? Marcel, das sind
Cindy und Lara, auch von unserer Schule!"
Marcel blickt die beiden an. Cindy ist erstaunt.
Sie hat Marcel zwar schon mal von Weitem
20 in der Schule gesehen, aber so richtig hat
sie ihn nie wahrgenommen. Er sieht gut aus.
Genaugenommen sogar sehr gut. Natürlich mit
der kleinen Einschränkung, dass er nicht
ganz so gut aussieht wie Jack von den *Icecubes*.
25 Sie sagen einander „Hallo!"

Plötzlich zieht Lara Cindy in eine Ecke.

„Was soll das denn?", zischt Cindy,

die gerne noch etwas bei Marcel geblieben wäre.

„Ich weiß gar nicht, über was ich mit ihm

5 reden soll!"

„Mit wem?", fragt Cindy etwas geistesabwesend.

In Gedanken ist sie noch bei Marcel.

Lara verdreht genervt die Augen.

„Na mit Adnan natürlich!"

10 „Ach so. Na, da fällt dir doch sicher was ein!",

gibt Cindy in Gedanken zur Antwort.

„Danke! Von meiner besten Freundin hätte ich mir

da etwas mehr Beistand gewünscht!"

Lara macht ein scherzhaft böses Gesicht.

15 Cindy zieht die Bierflaschen aus der Tasche.

„Jetzt trinken wir die erst einmal,

dann wirst du gleich viel entspannter!"

Sie prosten sich zu und trinken.

„Würg! Das ist aber nicht mein Geschmack!",

20 zischt Lara Cindy zu.

„Ist doch egal! Sieht aber cool aus!

Komm, wir gehen mal da hinten hin."

Mit ihrem Bier mischen sie sich unter die Gäste und

treffen mehrere Klassenkameraden.

25

Um neun ist die Party bereits in vollem Gange.
Lara hat sich doch tatsächlich getraut, mit Adnan
zu reden. Die beiden sitzen nun schon
eine ganze Weile etwas abseits, und es scheint,
5 als hätten sie alles um sich herum vergessen.
Cindy sitzt auf einer Bank, auf der sie gerade
mit einer Klassenkameradin gequatscht hat.
Doch die ist inzwischen weitergezogen. Sie blickt
sich um. Warum redet niemand mit ihr?
10 Da spürt sie plötzlich, dass jemand neben ihr
steht. Es ist dieser Marcel. Cindys Herz
beginnt sofort, etwas heftiger zu schlagen.
Was soll sie mit dem bloß reden?
Sie kennt ihn doch gar nicht!
15 „Na, ganz alleine und verlassen?"
Marcel setzt sich neben sie.
„Ja, irgendwie ...", stammelt Cindy etwas verlegen.
„Was möchtest du trinken?", fragt Marcel
sehr höflich.
20 „Egal, bloß kein Bier mehr, bitte!"
Marcel geht zum Getränketisch und kommt
mit zwei Mischgetränken wieder. Cindy nippt
an dem Pappbecher. Es schmeckt ganz gut.
Hauptsächlich nach Cola, aber sie merkt,
25 dass da noch etwas anderes drin ist.

Sie trinkt schnell, denn sie ist so verlegen,
dass sie überhaupt nicht weiß, worüber sie
mit Marcel reden soll. Im Nu ist ihr Becher leer.
Marcel lacht sie an: „Na, da war aber jemand
5 durstig! Da kann ich ja gleich noch mal gehen!"
Cindy lächelt ihn an. Sie merkt die Wirkung
des Alkohols.
Als Marcel wieder zu ihr kommt, gibt er ihr nur
eine normale Cola. Cindy lächelt ihn dankbar an
10 und Marcel zwinkert ihr zu.
„Ich will ja nicht, dass du mir gleich
von der Bank kippst! Ich möchte dich doch
so gerne etwas besser kennenlernen."

„Marcel ist echt nett", denkt Cindy. Sie reden
15 den ganzen Abend über die Schule,
ihre Interessen und Musik. Die Zeit vergeht im Nu.
Plötzlich stößt Lara Cindy an.
„Hey Cindy! Wir müssen los! Wir haben total
die Zeit vergessen! Es ist schon halb elf.
20 Mein Alter dreht durch. Wir müssen uns beeilen!"
„Sorry!", sagt Cindy zu Marcel, nimmt ihre Jacke
und im Nu ist sie fort.
Marcel blickt ihr etwas verdattert hinterher.
Cindy und Lara laufen, so schnell sie können.

Zu Hause angekommen, gibt es natürlich
erst einmal das erwartete Donnerwetter.
Laras Vater ist außer sich und schimpft. Er habe
sich schon solche Sorgen gemacht, bla, bla ...

5 Später fallen Cindy und Lara ins Bett.
Sie haben sich ja so viel zu erzählen!
Zwischen Lara und Adnan
hat es auf jeden Fall gefunkt.
Lara ist ganz aufgeregt. Sie erzählt alles haarklein
10 und schwärmt in einem fort von Adnan,
und wie gut er aussieht, und was er alles
gesagt hat und, und, und.

Anschließend berichtet Cindy von Marcel.
15 Sie erzählt aber nicht ganz so viel.
Nur, dass er ganz nett sei.
Aber an Jack, ihren Star, kommt sowieso
niemand an!

Kapitel 4

Am Montag in der Schule schreiben sie
in der ersten Stunde einen Vokabeltest.
Cindy hat vergessen zu lernen.
Trotzdem weiß sie fast alle Wörter.
5 Eine drei wird sie wohl schaffen.

In der Pause geht sie mit Lara auf den Hof.
Die Sonne scheint und es ist
ein richtig schöner Frühlingstag.
Die Vögel zwitschern um die Wette
10 und überall sitzen Schüler
auf ihren Jacken auf dem Rasen und
genießen die warme Luft.
Cindy und Lara sind gerade auf der Suche
nach einem freien Platz, als plötzlich eine Hand
15 nach Cindys Fuß greift.
Beinahe wäre sie hingefallen, aber sie kann sich
gerade noch rechtzeitig fangen.
Sie will schon lospöbeln, als sie sieht,
dass es Marcel ist.
20 Er lacht sie an. Cindy mag sein Lachen.
Er sieht schon etwas männlicher aus
als die anderen Jungen, die sie kennt.
Wenn er lacht, dann hat er Lachfältchen

um die Augen und außerdem hat er Grübchen!
Cindy liebt Grübchen. Jack hat auch welche!
„Hey, du!", sagt er.
„Hallo!", antwortet Cindy.
„Ich wollte dich fragen, ob du nach der Schule
Zeit hast. Wir könnten ein Eis essen gehen."
„Ja, gerne. Nach der 6. Stunde am Schultor?"
„Okay. Bis dann!" Marcel grinst zufrieden.
„Bis nachher!", flötet Cindy.

„Was war das denn?", Lara guckt wie ein Auto.
„Ich dachte du findest ihn nur ganz nett?"
Cindy sieht zu Boden.
„Na ja, er ist schon nicht übel ..."
„Nicht übel? Und dann verabredest du dich gleich
mit ihm?" Lara ist ganz außer sich.
„Unsereins wünscht sich nichts sehnlicher,
als mit Adnan ein Eis essen zu gehen,
und du tust so, als ob du das täglich machst!"

Als die 6. Stunde endlich um ist, beeilt sich Cindy,
ihre Tasche zu packen. Schnell läuft sie
zum Schultor. Marcel steht schon da. Als sie sich
auf den Weg zur Eisdiele machen,
schiebt er sein Fahrrad neben sich her.

Sie quatschen über den Schultag.
In der Eisdiele finden sie einen schönen Platz
auf der Terrasse.
Sie bestellen sich jeder einen Eisbecher.
5 Das Eis schmeckt köstlich, aber Cindy verspürt
ein leichtes Ziehen im Bauch. Sie ist aufgeregt.
Noch schlimmer wird dieses Ziehen,
als Marcel sie fest ansieht und sagt:
„Du – Cindy? Ähm, ich meine ...
10 Äh, ich glaube ich höre mich jetzt gerade an
wie ein Vollidiot, aber ich glaube –
ich habe mich in dich verliebt!"
Cindy sieht ihn an.
Sie kann ihren Ohren nicht trauen.
15 Hat sie sich da gerade verhört?
Marcel will mit ihr zusammen sein?
Was soll sie ihm denn antworten?
Sie *liebt* doch nun mal Jack.
Marcel ist nett und sieht auch gut aus, aber ...

20 Ehe er sich versieht, springt sie auf.
So schnell sie kann, läuft sie aus der Eisdiele –
und hinterlässt einen verwirrten Marcel.
Der versteht sicher die Welt nicht mehr.

Aber Cindy ist in dem Moment nicht in der Lage, eine Entscheidung zu treffen.
Sie muss erst einmal darüber nachdenken.
Über ihre Gefühle muss sie nachdenken und
5 in sich hineinhorchen.
Ist sie denn überhaupt verliebt? Sie weiß es nicht.

Wie soll sie sich entscheiden?
Soll sie mit Marcel gehen?
Oder soll sie lieber warten und sehen, ob Jack sie ebenfalls liebt. Das Konzert ist ja schon ganz bald ...

Entscheide du für Cindy!
Wenn sie mit Marcel gehen soll, dann lies weiter auf Seite 54.
Wenn du der Meinung bist, dass sie das Konzert abwarten soll, dann lies weiter auf Seite 27.

Kapitel 5a

Die Tage bis zum Konzert erscheinen Cindy
endlos. Warum vergeht die Zeit bloß
immer so langsam, wenn man wartet?
An Marcel denkt sie kaum noch.

5 Noch in der Nacht nach dem Eisessen hat sie sich
für Jack entschieden. Er ist ihr Traummann!
Zum Glück hatte sie Marcel die nächsten Tage
auch nicht in der Schule gesehen.
Sie hat keine Lust, ihm zu begegnen.

10 Jeden Tag steht Cindy vor ihrem Kleiderschrank
und überlegt, was sie zu dem Konzert
anziehen soll. Jeden Tag findet sie ihre Auswahl
vom Vortag grauenhaft. Einen Tag
vor dem Konzert stellt sie verzweifelt fest,
15 dass sie gar nichts anzuziehen hat.

Sie läuft zu ihrer Mutter.
„Mama, ich weiß überhaupt nicht, was ich
anziehen soll. Ich habe nur so spießige Klamotten!
Ich brauche dringend mal was Neues!"
20 „Ach, Cindy, ich bin doch kein Geldautomat.
Du hast doch so viele schicke Klamotten
in deinem Kleiderschrank! Du könntest doch

die neue Jeans mit der schwarzen Bluse ..."
Cindy unterbricht ihre Mutter wütend:
„Das sieht doch voll brav und spießig aus!
Das ist doch peinlich! Ich will so nicht rumlaufen!"
5 Dann nimmt sie ihre Jacke von der Garderobe
und läuft raus.

Sie ist so wütend. Ihre Mutter versteht sie
überhaupt nicht!
„Ich wünschte, ich hätte coole Eltern!", denkt sie
10 bei sich, während sie sich auf den Weg
zu ihrer Freundin macht.
Bei Lara angekommen, klingelt sie Sturm.
„Bist du völlig verrückt geworden?", raunzt Lara
sie an, als sie die Tür öffnet.
15 „Sorry! Ich bin gerade so was von wütend!
Lara sieht sie mitfühlend an.
„Stress mit deiner Alten?"
„Und wie! Die will mir einfach nichts Neues
zum Anziehen kaufen. Dabei brauche ich
20 doch was Geiles für das Konzert!"
Lara lächelt sie an.
„Ich hab' da eine Idee. Meine Mutter hat sich
neulich was Cooles gekauft. Komm mal mit!"

Cindy läuft etwas unsicher
hinter ihrer Freundin her.
Als sie das Schlafzimmer von Laras Eltern betreten,
ist ihr etwas mulmig zumute.
5 „Dürfen wir das denn?", fragt sie.
„Meine Mutter ist für ein paar Tage
zu meiner Oma gefahren. Die ist krank."
Lara sucht den Kleiderschrank ab und
hält schon nach wenigen Augenblicken in der Hand,
10 was sie gesucht hat.
„Tada!"
„Ey, krass!", Cindy ist beeindruckt.
So einen sexy Fummel hätte sie Laras Mutter
überhaupt nicht zugetraut und ihre Mutter
15 würde so etwas schon mal gar nicht anziehen ...

Die Mädchen verabreden
nach einer kurzen Anprobe, dass Cindy
morgen Nachmittag vor dem Konzert
zu Lara kommen soll.
20 Dann können sie sich in Ruhe stylen.

Kapitel 6a

Nun ist er endlich da! Der große Tag. Nur noch
sieben Stunden bis zum Konzertbeginn. Cindy ist
seit dem Mittag bei ihrer Freundin. Sie stehen nun
schon Ewigkeiten im Bad, haben sich geschminkt
5 und zurechtgemacht. Sie kommen sich richtig
erwachsen vor in ihren heißen Klamotten,
mit Schuhen von Laras Mutter und
haufenweise Schminke im Gesicht.
Sobald sie fertig sind, machen sie sich
10 auf den Weg.
Schließlich wollen sie vor allen anderen
in der Schlange stehen, damit sie beim Einlass
Stehplätze ganz vorne an der Bühne bekommen.
Cindy will Jack so nah wie möglich sein.
15 Dafür würde sie alles tun.

Als sie an der Arena ankommen, warten dort
schon einige Fans. Cindy ist überrascht.
Dies ist ihr erstes Konzert. Sie hat gedacht,
sie würden die ersten sein.
20 Enttäuscht stellen sie sich so weit nach vorne
an das Gatter, wie es geht. Sofort ernten sie
böse Blicke von ihren Konkurrentinnen.
Die fremden Mädchen haben sich auch

alle aufgetakelt.

Sie sind alle genauso scharf auf Jack wie Cindy.

Hinter der Absperrung lässt sich
ein junger Mann blicken. Er scheint
5 eine Art Bodyguard oder so was zu sein.
Cindy beobachtet,
wie eines der anderen Mädchen mit ihm
zu flirten beginnt – und zwar heftig!
Nach einer Weile ergreift er die Hand
10 des Mädchens und zieht sie über die Absperrung.
Wenig später sind die beiden verschwunden.

Cindy stößt Lara an. „Hast du das gesehen?"
Lara nickt ungläubig.
„Das will ich auch! Ich will auch hinter die Bühne!"
15 Cindy kramt in ihrer Handtasche. Da ist er,
der Teddy, den sie extra für Jack gekauft hat.
„Ich will ihn unbedingt Jack geben!", flüstert sie
Lara ins Ohr.
Lara wirft einen Blick auf den Bären.
20 Dann schaut sie sich um.
„Der Typ dahinten sieht doch ganz nett aus.
Komm, wir probieren es auch mal!"
Lara zieht Cindy hinter sich her.

In dem Augenblick, als Cindy ihn ansprechen will,
dreht der junge Mann sich um und geht weg.
„So eine Scheiße aber auch!", flucht Cindy.
Vor Wut tritt sie gegen die Absperrung,
5 dass es laut scheppert.
„Hör auf damit! Wir wollen doch positiv auffallen
und nicht rausgeschmissen werden!",
ermahnt Lara ihre Freundin. „Kopf hoch!
Der Abend ist ja noch nicht gelaufen!"
10 „Lara ist wirklich eine gute Freundin", denkt Cindy.

Nach etlichen scheinbar endlosen Stunden
ist endlich der ersehnte Einlass.
Sobald sie durch die Kontrolle sind, laufen sie los.
Obwohl Cindy und Lara eigentlich gar nicht
15 wissen, wohin sie laufen, rennen sie einfach mit.
Alle anderen laufen jedenfalls auch kreischend
Richtung Bühne.
Vor der Bühne beginnt ein erbitterter Kampf
um die besten Plätze.
20 Es wird gedrängelt und geschubst.
„Glück gehabt!", grinst Lara, „Wir sind
in der ersten Absperrung!"
Cindy jubelt vor Glück. Sie stehen nun ganz dicht
vor der Bühne. Zwischen der Bühne und ihnen

ist noch eine weitere Absperrung.
Lara weiß von ihrem Cousin, dass hier
die Bodyguards stehen werden.

Die Bühne ist riesig! An den Seiten
5 ragen meterhohe Boxen empor.
Unzählige Scheinwerfer hängen über ihnen.
Die Arena ist momentan noch recht leer.
Kein Wunder, bis zum Konzertbeginn
sind es immer noch zwei Stunden.

10 Dann endlich ist es so weit. Das Konzert beginnt.
Laut hämmern die Bässe. Cindy spürt das Beben
bis in die Brust.
Nebel wabert über die Bühne und dann endlich
kommt er. Da ist Jack! Ihr Jack!
15 Cindy kreischt, was das Zeug hält.
Sie ist so aufgeregt! Vor lauter Hysterie
fängt sie an zu weinen.
Da! Jetzt sieht er sie an! Schnell reißt sie
den Teddy aus ihrer Tasche und streckt ihm
20 den Bären entgegen. Jack nimmt ihn
und sieht ihn kurz an.
Sein Blick wandert zum Publikum.
Nun beginnt er mit dem ersten Lied: „Not me".

Das ist Cindys Lieblingslied! Sie kann es
kaum glauben, dass er mit ihrem Lied anfängt.
Die Menge hinter ihr drängt nach vorne.
Cindy und Lara werden
5 gegen das Geländer gepresst.
Cindy hat das Gefühl, dass das Gedränge
immer stärker wird. Sie sieht,
dass einige Mädchen Richtung Bühne
getragen werden. Sie sind in dem Gedränge
10 ohnmächtig geworden.
„Das will ich auch!", denkt sie bei sich.
„Dann bin ich näher an Jack! Und vielleicht
kümmert er sich dann ja um mich!"
Cindy sieht sich um.
15 Lara ist etwas abgedrängt worden.
Sie hatten damit gerechnet und einen Treffpunkt
nach dem Konzert ausgemacht.

Flehend folgt sie Jack mit ihren Augen.
Er sieht so toll aus! Wenn er sie
20 doch nur noch einmal ansehen würde.
So wie vorhin!
Da! Jetzt kommt er auf sie zu!
Er hält ihr die Hand hin und zieht sie
über die Absperrung. Die Bodyguards helfen mit.

Ehe sie sich versieht, steht sie auf der Bühne.
Cindy ist völlig überwältigt. Sie hat das Gefühl,
dass sie gleich ohnmächtig wird.
„Bitte nicht jetzt!", denkt sie.
5 Jack nimmt ihre Hand und singt eine Zeile
aus dem Lied „Loving you". Mit einer Geste
fordert er sie auf, mitzusingen. Cindy will,
aber sie kann irgendwie nicht.
Ihr Mund ist plötzlich ganz trocken.
10 Als er ihr das Mikro hinhält, kommt nur
ein heiseres Krächzen aus ihrem Hals.
Jack lächelt sie an. Cindy wünscht sich,
dass dieser Moment niemals aufhört.
Doch so schnell der Moment gekommen war,
15 so schnell ist er auch wieder vorbei.
Jack lässt ihre Hand los. Cindy versucht noch,
sie etwas länger festzuhalten,
aber da zieht sie auch schon ein Bodyguard
von der Bühne.

20 Wenig später kapiert Cindy erst,
welche Chance sie da verpasst hat.
Sie hätte mit ihm singen können!
Sie hätte ihn küssen können!
Sie hätte ihn küssen *sollen*!

„Mensch Cindy! Das war ja wohl der Hammer!
Erzähl mal, wie war er denn so?", brüllt Lara
in ihr Ohr. Sie hat sich wieder zu Cindy
durchgekämpft und sieht sie
5 mit neugierig funkelnden Augen an.
„Erzähl ich dir später!", schreit Cindy zurück.
Sie will jetzt nicht reden. Sie will jetzt allein sein
mit ihren Träumen und sie will ganz und gar
bei Jack sein. Jede seiner Bewegungen
10 in sich aufsaugen, jedes Wort
seiner Lieder verstehen.

Nach dem Konzert löchert Lara sie mit Fragen.
Sie stehen immer noch vor der jetzt
ungemütlich beleuchteten Bühne.
15 Sie sind noch geblieben, weil sie hoffen,
Jack noch einmal zu sehen.
Vielleicht muss er ja noch
seine Gitarre holen oder so.
Die meisten Fans sind inzwischen gegangen.
20 Überall liegt Müll herum. Die Luft ist schlecht.
Statt Jack kommen nur ein paar Roadies
auf die Bühne.

Kapitel 7a

„Komm, wir gehen", sagt Lara zu Cindy.
In diesem Moment
kommt einer der Roadies angelaufen.
„Hey, Moment mal! Wartet mal!", ruft er ihnen
5 schon von Weitem zu.
Die beiden sehen sich an.
Was hat das denn nun zu bedeuten?
„Jack will dich sehen!", sagt er etwas außer Atem
und sieht Cindy dabei an.
10 „Mich?" Cindy traut ihren Ohren nicht.
„Ja du! Oder schiele ich?"
Der Mann wirkt leicht genervt.
Cindy sieht ihre Freundin etwas unsicher an.
Lara gibt ihr ein Zeichen, dass sie mitgehen soll.
15 „Ich warte auf dich. Lass dir diese Chance
nicht entgehen!", raunt sie ihr noch zu.
Aber Cindy hört sie schon nicht mehr.
Sie bewegt sich wie ferngesteuert und läuft
hinter dem fremden Mann her.
20 Etwas ungelenk klettert sie über die Absperrung
und kommt sich dabei ziemlich lächerlich vor.
Cindy hat das Gefühl, dass alle sie beobachten.
Nachdem sie durch ein Labyrinth aus Fluren
gegangen sind, stehen sie plötzlich vor einer Tür.

„Hier ist es", raunt der Roadie ihr zu.
Dann ist er verschwunden.
Cindy steht allein vor der Tür.
Ihr Herz hämmert ihr bis zum Hals.
5 Dies ist es also. Ihr Traum. Jack will sie sehen.
Der Jack! Von dem Tausende Mädchen träumen!
Und das Beste ist, dass er sie sehen will!
Und zwar nur sie!
Etwas zaghaft klopft sie an die Tür.
10 Nichts regt sich. Cindy klopft noch einmal.
Diesmal etwas heftiger.
Vorsichtig steckt sie den Kopf zur Tür herein,
als sie von drinnen ein Gemurmel hört.

Da ist er! Jack sitzt auf einem alten Sofa
15 und sieht sie an. Er ist verschwitzt und hat
ein Handtuch um den Hals gehängt.
In der Hand hält er ein Bier. Er grinst sie an.
Cindy betritt vorsichtig den Raum.
Sie weiß gar nicht, was sie sagen soll.
20 Irgendwie fehlen ihr die Worte.
Jack sagt auch nichts. Er bedeutet ihr nur,
sich zu ihm zu setzen.
Erst jetzt sieht Cindy den Gitarristen,
der in der Ecke auf einem Sessel hängt.

„Hi. I am Cindy." (Hallo. Ich bin Cindy.)
Jack sagt nichts. Grinst nur.
Cindy ist verlegen. Sie weiß nicht,
was sie tun oder sagen soll. Sie ist unsicher,
5 weil Jack ja nur englisch spricht.
Ihr Englisch ist schlecht. Bis auf seine Liedtexte.
Die kennt sie auswendig.
Cindy überlegt fieberhaft, was sie
nun sagen könnte. Diese Stille ist grauenhaft.
10 „That was a nice concert!"
(Das war ein schönes Konzert!)
Wieder grinst er nur und sagt nichts.
„Are you tired?" (Bist du müde?)
„Was für eine idiotische Frage!", denkt Cindy
15 im selben Moment.
Sie merkt, wie sie rot wird.
Am liebsten möchte sie im Erdboden versinken.
Jack lacht plötzlich laut los.
Der Gitarrist lacht ebenfalls.
20 „Na komm schon! Setz dich zu mir!", sagt er.
Cindy sieht ihn ungläubig an. Der Arsch!
Er spricht ja deutsch! Aber er hat sie
voll auflaufen lassen. Er hat sie
vor dem Gitarristen bloßgestellt. Wie peinlich!
25 Cindy kommt sich so dumm vor.

„Ich lass euch mal allein!", sagt der Gitarrist und
verschwindet mit einem vielsagenden Blick.

Cindy steht immer noch wie angewurzelt
im Raum.
5 Jack klopft nochmals neben sich auf das Sofa.
Nun endlich setzt sich Cindy neben ihn.
„Möchtest du etwas trinken?", fragt Jack.
„Ja, gerne!"
Jack schenkt ihr etwas ein. Cindy weiß nicht,
10 was es ist. Sie schmeckt aber,
dass Alkohol drin ist. Sie trinkt,
weil sie sonst nicht weiß, was sie sagen soll.
„Wo hast du denn den Teddy,
den ich dir geschenkt habe?",
15 fragt sie schließlich doch,
um die peinliche Stille zu unterbrechen.
„Welchen Teddy – ach, den!" Jack tut so,
als würde er sich erinnern.
„Der ist bei all den anderen Teddys.
20 Die sammeln wir immer und dann
schicken wir die säckeweise
nach Rumänien in Kinderheime!
Wir ersticken sonst in dem Scheiß!"
Cindy blickt zu Boden. Sie hatte gehofft,

dass Jack sich über ihren Teddy freut!
Stattdessen scheint er gar kein Interesse
daran zu haben.

„Hast du eine Freundin?", fragt Cindy,
5 um das Thema zu wechseln.
„Nein, natürlich nicht!" Jack sieht sie an.
„Sonst hätte ich dich doch nicht hierher bestellt!"
Cindy sieht verlegen weg.
Warum guckt er sie so an?
10 Es ist ihr unangenehm. Es ist, als zöge er sie
mit seinen Blicken aus.
In dem Moment streckt er seine Hand
nach ihrem Gesicht aus. Er streichelt ihr
über die Wange und zieht sie dann zu sich heran.
15 Ehe sie sich versieht, beginnt Jack sie zu küssen.
Seine Zunge drängt in ihren Mund. Er schmeckt
nach Schweiß und Bier. Es ist Cindys erster Kuss.
Sie hatte sich das Ganze irgendwie
immer etwas romantischer vorgestellt.
20 Plötzlich hat sie das Gefühl,
dass sie Jack doch gar nicht so gut kennt.
Vor wenigen Stunden hätte sie noch behauptet,
dass sie alles über ihn weiß.
Jetzt findet sie den Kuss eher unangenehm.

Jacks Hand wandert an ihrem Hals hinunter
bis zu ihren Brüsten.
Cindy schiebt seine Hand beiseite.
Jack tut so, als hätte er das nicht bemerkt,
5 und versucht erneut, sie an die Brust zu fassen.
„Lass das!", fährt sie Jack an.
„Hey, wer wird denn da gleich so zickig!
Stell dich nicht so an! Du willst es doch auch!",
zischt Jack in ihr Ohr.
10 Er drückt sie auf das Sofa und versucht,
sich auf sie zu legen.
„Hör auf!", brüllt Cindy nun schon etwas lauter.
„Ich schreie!"
„Och, hat das kleine Mädchen Angst?"
15 Jack redet in einem albernen Tonfall mit ihr.
So als wäre sie ein kleines, dummes Kind.
In diesem Moment geht die Tür auf
und eine sehr gut aussehende junge Frau
betritt den Raum. Erst im zweiten Augenblick
20 sieht die Frau Cindy,
die das Überraschungsmoment nutzt,
um sich aus Jacks Umklammerung zu lösen.
„Ach, du hast Besuch!", sagt die Frau.
Abfällig, mustert sie Cindy.
25 „Ach, das ist nur so eine kleine Schlampe,

die sich verlaufen hat. Ich wollte ihr gerade
den Weg zeigen!" Jack sieht Cindy
mit einem abfälligen Blick an.
Schnell steht Cindy auf. Sie nimmt ihre Jacke
5 und läuft schnell aus dem Raum.
Die Tränen rollen ihr die Wangen hinunter.
Sie weiß gar nicht, wo sie lang laufen muss.
Sie fühlt sich wie eine Gefangene
in einem Labyrinth.
10 Sie will weg hier! Und zwar schnell!
Ist sie hier entlang gegangen?
Sie weiß es nicht mehr. Alles sieht so gleich aus.
Schließlich findet sie eine Tür
mit einem Notausgangsschild. Sie drückt
15 den Türöffner und steht plötzlich im Freien.
Irgendwie ist sie auf der Rückseite der Arena
gelandet.
In diesem Moment fällt ihr Lara wieder ein.
„Oh, nein!", durchzuckt es Cindy.
20 Was hat Lara gesagt. Wollte sie warten?
Wohl eher nicht! Sie war bestimmt
schon längst nach Hause gegangen.
Cindy hat keine Ahnung, wie lange sie bei Jack
gewesen ist. Ihr kommt es wie eine Ewigkeit vor.
25 Bei dem Gedanken an Jack füllen sich ihre Augen

erneut mit Tränen. Weinend trottet sie
nach Hause. Sie fühlt sich so dumm und einsam
wie noch nie in ihrem Leben.

Kapitel 8a

Am nächsten Morgen fühlt sich Cindy
immer noch schlecht.
Sie will überhaupt nicht aufstehen.
Ihre Mutter steckt den Kopf zur Tür herein.
5 „Guten Morgen, mein Schatz!",
flötet sie gut gelaunt.
„Lass mich in Ruhe! Ich will schlafen!",
raunzt Cindy ihre Mutter an.
„Oh, da hat aber jemand schlechte Laune!"
10 Ihre Mutter rollt mit den Augen.
„Verpiss dich!", schreit Cindy.
„Hey, Fräulein, so redest du aber nicht mit mir!
Was ist dir denn für eine Laus
über die Leber gelaufen?"
15 Ihre Mutter kommt zu ihr
und setzt sich auf die Bettkante.
Nun kann Cindy ihre Tränen
nicht mehr zurückhalten. Sie beginnt,
hemmungslos zu weinen. Ihre Mutter sagt nichts.
20 Streichelt ihr nur über den Rücken.

„Er ist ein Arschloch!", heult Cindy,
als sie sich wieder einigermaßen gefasst hat.
„Wer denn?"

„Na Jack! Der da!" Cindy zeigt genervt
auf ein Poster.
Sie rappelt sich hoch und zerreißt es.
Dann knüllt sie die Reste zusammen und
5 wirft das Papierknäuel in die Ecke.
„Nanu?", ihre Mutter sieht sie fragend an.
„Reden wir denn von derselben Person?
Der Jack, den meine Tochter
seit über einem Jahr anhimmelt?
10 *Der* Jack, der über Allem steht?"
„Ja!" Mehr kann Cindy nicht antworten,
weil sie wieder heulen muss.

„Was ist passiert?", fragt ihre Mutter
nach einer Weile. Sie klingt nun ernstlich besorgt.
15 Cindy beginnt etwas zögerlich zu erzählen.
Wirr am Anfang. Es ist so erniedrigend.
Wie konnte sich Jack nur so widerlich verhalten?
Was wäre wohl passiert, wenn die Frau nicht
hereingeplatzt wäre?
20 Hätte er sie vergewaltigt?
Cindy wird plötzlich eiskalt.
Ihre Mutter nimmt sie fest in den Arm.
Cindy schmiegt sich an sie, wie ein Baby.
Gegen Mittag wacht Cindy auf.

Sie muss wohl nochmal eingeschlafen sein.
Sie geht nach unten. Ihre Eltern haben
den Frühstückstisch noch gedeckt gelassen.
Auf ihrem Teller liegt ein Zettel.
5 *Wir sind bei Oma im Altenheim.*
Lass es dir schmecken! Kuss Mama und Papa
Cindy setzt sich an den Tisch.
Sie hat gar keinen Appetit.
Sie hat Liebeskummer und einen Kloß im Magen.
10 So fühlt es sich jedenfalls an.

Plötzlich fällt ihr Lara wieder ein.
Sie muss sie unbedingt anrufen!
Cindy wählt die Nummer.
Laras Mutter ist am Telefon.
15 „Tut mir Leid, Cindy! Ich glaube nicht,
dass Lara mit dir sprechen will.
Sie ist ziemlich sauer, wegen gestern, weißt du?"
Cindy versteht nur Bahnhof.
Wieso ist Lara denn sauer?
20 Ist sie etwa eifersüchtig wegen Jack?
Den kann sie gerne geschenkt haben!
Cindy legt enttäuscht auf. Sie hätte sich so gerne
mit Lara ausgequatscht!

Wütend stapft Cindy die Stufen
zu ihrem Zimmer hinauf. Dort angekommen,
reißt sie alle Poster von *Icecubes* und Jack
von den Wänden.

Kapitel 9a

Am nächsten Tag in der Schule ist alles wie sonst.
Mit der Ausnahme, dass Lara immer noch etwas
beleidigt wirkt. Aber schon in der großen Pause
hält sie es nicht mehr aus
und belagert Cindy mit Fragen.
„Nun erzähl schon! Wie war es? Wie ist er so?
Ist er so nett, wie er aussieht?
Ach, ich beneide dich ja so!"
„Willst du die Wahrheit wissen?"
„Na, klar!" Lara tritt ungeduldig
von einem Fuß auf den anderen.
„Also ... er ist … ein Wichser, Penner, Arschloch!"
Wütend tritt Cindy nach einer Plastikflasche,
die auf dem Schulhof liegt.
Cindy will nicht mehr an das Konzert denken.
Sie will nicht mal mehr darüber reden.

„Hey, was sind denn das für schlimme Wörter
von so einer hübschen Frau?" Das ist Marcel.
Oh, nein! Nicht ausgerechnet der auch noch!
Lara erfasst die Situation zum Glück und
gibt Marcel ein unmissverständliches Zeichen,
dass dies nicht der richtige Zeitpunkt
für einen Flirt mit Cindy ist.

Marcel zuckt entschuldigend mit den Schultern
und geht weg.
„Danke!", sagt Cindy niedergeschlagen.
„Das ist doch selbstverständlich."
Lara nimmt Cindy sanft in den Arm.
5 Es gongt.
„Wollen wir nach der Schule quatschen?
Hast du Zeit?" Lara sieht ihre Freundin an.
Cindy nickt. Sie ist froh,
eine Freundin wie Lara zu haben.
10
Später sitzen sie in Laras Zimmer
und Cindy erzählt ihrer Freundin
die ganze erbärmliche Geschichte.
Zwischendurch muss sie
15 immer wieder heulen. Ihr Gesicht
ist schon ganz verquollen und
die benutzten Taschentücher
türmen sich vor dem Bett.

Ein paar Tage später geht es Cindy
20 schon wieder besser. Am Wochenende haben
Lara und sie all ihre *Icecubes*-Poster abgenommen,
alle gesammelten Artikel feierlich verbrannt
und sich geschworen, nie wieder ein Lied

von dieser Band zu hören.
Stattdessen denkt sie nun immer mal wieder
an Marcel. Im Gegensatz zu Jack ist er nett
und höflich und sieht auch noch gut aus.

5 Als Cindy am Montag in die Klasse kommt,
haben sich alle um ein Smartphone versammelt.
Einige grölen, andere tuscheln.
Neugierig versucht Cindy zu erkennen,
worum es geht. Lara legt ihr mitfühlend
10 den Arm auf die Schulter. „Hey, was ist denn los?"
Cindy sieht Lara fragend an.
„Komm mal mit. Ich zeig dir was. Aber auf dem
Klo." Lara geht vorweg. Cindy folgt ihrer Freundin.
„Nun zeig schon!", fordert sie ihre Freundin auf,
15 sobald sie die Schülertoilette betreten haben.
Es stinkt nach Rauch. Irgendwer hat hier
schon wieder heimlich geraucht.

Zuerst erkennt Cindy gar nicht, um wen es geht.
Sie sieht nur zwei Jungen auf den Gleisen und
20 dann kommt auch schon der Zug. Es ist dunkel
und die Bilder sind ziemlich verwackelt.
„Schau mal auf den da!" Lara deutet
auf den rechten Jungen.

Plötzlich erkennt Cindy, um wen es sich handelt:
Marcel! Ihre Knie werden weich. Sie schafft es
gerade noch, sich am Waschbecken festzuhalten.
Entsetzt sieht sie ihre Freundin an. „Ist er ..."
5 Sie bringt die Worte nicht über ihre Lippen,
versucht es erneut: „Ich meine ... ist er ...
hat er es noch geschafft?"
Lara nickt.
„Gott sei Dank!", Cindy sackt auf den Fußboden.
10 Im nächsten Moment springt sie auf. Ihr Gesicht
läuft rot an und ihre Augen blitzten wütend.
„So ein Arsch! Was denkt der sich?
Ich fasse es nicht! So ein Selbstdarsteller!
Wem will er denn mit der Aktion etwas beweisen?
15 Der kann mich mal! Solche kindischen Spielchen.
Er hätte tot sein können! Was für ein Idiot!
Weißt du was? Der kann mich mal!
Mit so einem will ich nichts,
aber auch gar nichts zu tun haben!"
20 Mit diesen Worten stürmt Cindy aus der Toilette.
Lara läuft hinter ihr her.
Als sie in die Klasse zurückkehren,
hat der Unterricht längst begonnen.
Zum Empfang gibt es daher Ärger mit Frau Drossel,
der Deutschlehrerin. Allerdings stört Cindy das nicht

weiter. Voller Energie
stürzt sie sich in den Unterricht.
Das Kapitel Marcel ist nun auch
endgültig abgeschlossen.
5 „Pah! Kerle! Kann man doch alle vergessen!"

Ende

Kapitel 5b

Cindy hat mehrere schlaflose Nächte hinter sich.
Marcel oder Jack? Ist sie in Marcel verliebt?
Sie weiß es nicht.
In der Schule geht sie ihm aus dem Weg.
5 Zu peinlich ist ihr das alles.

Die Wochen vergehen.
In der Schule schreiben sie mehrere Arbeiten
und zusammen mit Lara muss sie
für Bio ein Referat vorbereiten.
10 Inzwischen versteckt sie sich nicht mehr
vor Marcel, sondern grüßt freundlich,
wenn sie sich begegnen.
Aber zu ihm gehen und mit ihm reden
– nein, das kann sie einfach nicht …
15 Das *Icecube*-Konzert liegt auch schon hinter ihr.
Es war toll! Aber es waren viel zu viele
andere Mädchen da, die Jack genauso
anhimmelten wie sie.

Als Cindy eines Tages auf dem Nachhauseweg
20 von der Schule ist, hält neben ihr ein Fahrrad.
„Hallo Cindy!" Es ist Marcel.
Cindy schaut ihn an.

„Er sieht echt nett aus!", denkt sie bei sich.
„Seine Grübchen sind so süß und die Augen erst!
Er hat so tolle Augen und ganz lange Wimpern!
Und er hat gar keine Pickel. Ganz anders
5 als die Jungen in meiner Klasse.
Die sehen zum Teil echt furchtbar aus."
„Hallo Marcel!", antwortet sie.
Marcel sieht ihr tief in die Augen.
„Geht es dir wieder besser? Ich wollte nicht ..."
10 „Schon gut", fällt Cindy ihm ins Wort.
Sie nimmt all ihren Mut zusammen
und lächelt ihn an. Marcel lächelt zurück.
Sie gehen weiter nebeneinander her.
Keiner sagt etwas. Komischerweise ist es Cindy
15 diesmal gar nicht unangenehm.
„Es ist, als ob ich ihn schon länger kennen würde",
denkt sie bei sich.

„Wollen wir vielleicht eine Cola trinken gehen?
Oder einen Burger essen?"
20 „Gerne!" Cindy spürt wieder dieses Ziehen
in der Bauchgegend. Es fühlt sich aufregend
und gut an.
Bei McDonald's schlürfen sie einen Milkshake,
und reden über Gott und die Welt.

Es kommt ihr alles so vertraut vor.
Als ob sie schon lange befreundet wären.
Marcel ist lustig.
Er bringt Cindy immer wieder um Lachen.
5 Und wenn er sie ansieht ... dann zieht sich
ihr ganzer Bauch zusammen.

Als sie am Abend Lara am Telefon davon erzählt,
sagt die nur: „Mann o Mann, ich glaube,
du bist voll verknallt in den!"

10 Später, als Cindy im Bett liegt, denkt sie
darüber nach. Ist sie wirklich verliebt? In Marcel?
Sie kann jedenfalls an nichts anderes
mehr denken als an ihn. Sie denkt an sein Lachen,
an seine Grübchen, daran, wie er riecht.
15 Sie denkt an das, was er gesagt hat,
daran wie er sie angesehen hat.
Wieder kribbelt es in ihrem Bauch.
In der Nacht träumt sie sogar von ihm.

Am nächsten Morgen kann sie es
20 gar nicht erwarten, in die Schule zu kommen.
Unruhig hält sie Ausschau nach ihm.
Sie kann ihn aber nirgends finden.

„Hallooo? Jemand zu Hause? Hörst du mir
überhaupt zu?" Lara sieht sie an und rollt genervt
mit den Augen. Das sieht so lustig aus,
dass Cindy sofort kichern muss.

5 „Tut mir leid. Was hast du gesagt?"
Lara versucht Cindys Blick einzufangen.
„Ich hatte dich gefragt, ob du glaubst,
dass wir in Bio noch eine zwei
für unser Referat bekommen?"

10 „Wie? Ach ja. Ja!" Cindy sucht immer noch
nach Marcel.
„Ach, mit dir ist auch nicht mehr zu reden!"
Lara macht eine wegwerfende Handbewegung.
„Wenn du übrigens Marcel suchst – der steht

15 bereits hinter dir!" Lara lacht,
als Cindy sich umdreht und Marcel sie angrinst.
Cindy guckt daraufhin so erstaunt, dass Lara
und Marcel sich gar nicht mehr einkriegen
vor Lachen.

20 „Hey, kann man mitlachen?" Adnan kommt
auf die Gruppe zu.
„Denen ist nicht zu helfen!", sagt Lara lachend und
zeigt auf Cindy und Marcel.
„Komm mit! Ich glaube, wir lassen

die Turteltäubchen mal alleine."
Damit verschwinden die beiden im Gewühl.

„Hallo!" Cindy lächelt Marcel an.
„Hi!" Marcel wirkt etwas unsicher.
„Hast du heute Nachmittag Zeit?
Ich habe um halb drei Fußballtraining,
aber danach könnten wir vielleicht
irgendwohin gehen. – Du kannst mich ja
vom Fußballplatz abholen ..."
„So – kann ich das? Und wo ist irgendwohin?"
„Ach, ich weiß es nicht!" Marcel schaut
auf seine Füße und kickt
einen kleinen Stein beiseite. „Ich möchte
einfach mit dir zusammen sein!"
Wie süß ist das denn? Das hört sich
nach einer zweiten Liebeserklärung an.
Es kribbelt wieder in Cindys Bauch.
„Okay. Ich komme dich abholen. Um halb vier
dann am Sportplatz?" Cindy sieht Marcel an.
Er nickt ihr zu und verschwindet schnell
im Gewühl. Es hat längst gegongt
und die Schüler drängen zu ihren Klassen.

Kapitel 6b

Cindy ist aufgeregt. Sie will auf keinen Fall
zu spät kommen! Sie beeilt sich,
das passende Outfit zu finden. Dann düst sie
mit ihrem Fahrrad zum Fußballplatz.
5 Da ist er! Sie entdeckt ihn auf dem Fußballfeld.
Er spielt gut, findet sie. Sie ist ein bisschen stolz,
dass sie mit ihm verabredet ist. Er ist mit Abstand
der bestaussehende von all den Jungen.
Nach dem Training kommt er kurz zu ihr.
10 „Hallo Cindy! Schön, dass du da bist!
Ich geh nur schnell duschen, okay?
Ich stinke bestimmt wie ein Iltis ..."
„Noch rieche ich nichts, aber geh mal besser.
Ich laufe nicht weg!"
15 Cindy lächelt.
Das Duschen scheint eine Ewigkeit zu dauern.
Cindy ist nervös. Sie weiß noch nicht,
wie die Verabredung weitergehen wird.
Werden sie sich küssen? Wenn ja,
20 wie wird das wohl sein?
Wird er den ersten Schritt machen?
Sie hofft es, denn sie würde sich
das niemals trauen.
Cindy steht an der Balustrade und

blinzelt in die Sonne, als er
aus dem Umkleidehäuschen kommt.
„Hey, da bist du ja!", sagt sie,
als sie ihn auf sich zukommen sieht.

5 Gemeinsam gehen die beiden ein Stückchen
nebeneinander her.
Keiner sagt etwas. Sie ist zu nervös.
„Hoffentlich merkt er nichts davon", denkt sie, als er
plötzlich ihre Hand nimmt.
10 Sie erwidert seinen Griff.
Gemeinsam gehen sie so ein ganzes Stück.
„Wo gehen wir eigentlich hin?", fragt Cindy.
Marcel fängt an zu lachen. „Das weiß ich
gerade selber nicht. Irgendeine Idee?"
15 Cindy muss auch lachen.
Sie beschließen, sich ein Eis zu kaufen
und sich an den Fluss in die Sonne zu setzen.

Nach dem Eis fangen sie an herumzualbern.
Sie laufen zum Wasser hinunter.
20 Plötzlich schlingt Marcel die Arme um sie.
Wird er sie jetzt küssen? Ehe sie sich versieht,
nähert sein Gesicht sich ihrem Gesicht.
Sie küssen sich.

Seine Lippen schmecken noch
nach dem Schokoladeneis.
Es kribbelt in ihrem Bauch.
Sie ist so glücklich!
5 Sie könnte jetzt die ganze Welt umarmen.
Der Kuss scheint ewig zu dauern!
Nun sind sie also ein Paar.
Cindy und Marcel.

Kapitel 7b

Am nächsten Tag in der Schule ist Cindy nervös.
Wie werden es die anderen aufnehmen,
dass sie jetzt mit Marcel zusammen ist?
Ob die anderen Mädchen neidisch sind?
5 Wird sie jemand auslachen?
Lara hat sie gestern gleich am Telefon schon
alles erzählt. Sie hat das Gefühl, dass Lara
sich für sie freut. Vielleicht klappt es ja auch bald mit
Adnan und Lara.

10 Vor dem Schulgebäude wartet Cindy.
Sie dreht sich um, kann Marcel aber nicht
entdecken. Als es klingelt, geht sie etwas enttäuscht
hinein. Wo steckt er denn bloß?

Auf dem Pausenhof sucht sie ihn wieder.
15 Inzwischen muss er doch da sein.
Da! Da hinten steht er mit Adnan und
ein paar anderen Jungen aus seinem Verein.
Cindy geht zu Marcel. Sie tippt ihm von hinten
auf die Schulter.
20 „Hey, Marcel!", sagt sie fröhlich.
Marcel dreht sich um. In dem Moment gibt
Cindy ihm etwas ungeschickt einen Kuss.

Sie rutscht etwas an seinem Mund ab.
Die anderen Jungen grölen daraufhin gleich los.
Marcel ist das unangenehm.
Er schiebt Cindy leicht von sich weg.
5 „Nicht so stürmisch!", sagt er, aber Cindy
ist trotzdem gekränkt. So hat sie sich
ihre erste Begrüßung in der Öffentlichkeit
nicht vorgestellt.

Beleidigt macht sie sich auf die Suche nach Lara.
10 Marcel läuft hinter ihr her und hat sie
schnell eingeholt. Er hält sie am Arm fest.
„Cindy. Warte doch! Es tut mir leid.
Du hast mich nur gerade überrumpelt."
Cindy guckt ihn wütend an.
15 „Ich komme mir richtig dumm vor –
mit deinen grölenden Freunden!"
„Hey, ich sagte doch, dass es mir leid tut!"
Marcel gibt ihr einen Kuss.
Cindy spürt die Blicke der anderen.
20 Sie hört einen von den Fußballern rufen:
„Ja, richtig so! Schieb ihr die Zunge rein!"
„Vollidiot!", denkt Cindy. „Der ist doch bloß
neidisch, dass er keine abkriegt."
„Was machst du denn nach der Schule?",

sie blickt Marcel fragend an.
„Nach der Schule habe ich doch Training!
Ich kann nicht. Sorry!"
Entschuldigend hebt Marcel die Schultern.
„Heute Abend? Hast du da Zeit?",
5 Cindy gibt nicht auf.
„Heute Abend ist es auch ungünstig. Ich schreibe
morgen Englisch. Da muss ich noch lernen!"
Cindy verdreht genervt die Augen,
wütend sagt sie: „Hast du irgendwann
10 auch noch mal Zeit für mich?" „Morgen vielleicht!
Treffen wir uns nach der Schule?"
In dem Moment klingelt es auch schon
und Marcel wendet sich zum Gehen.
Cindy schaut ihm wütend hinterher.

15 Am Nachmittag ist Cindy immer noch sauer.
Sie erzählt Lara von dem Gespräch.
Lara weiß allerdings auch nicht so genau,
was sie dazu sagen soll. Sie selbst ist auch sauer,
dass es zwischen ihr und Adnan
20 nicht so richtig weitergeht.
Eigentlich hätte sie von ihrer Freundin gerne
ein paar Tipps gehabt, aber Cindy ist zurzeit
nur mit sich selbst beschäftigt.

Am nächsten Tag in der Schule läuft es ähnlich
wie am Tag zuvor. In der Pause steht Marcel
bei seinen Fußballfreunden und hat keine Zeit
für Cindy.

5 Nach der Schule wartet er immerhin
wie verabredet am Schultor auf sie.
Cindy beschließt, ihn gleich zur Rede zu stellen.
„Sag mal, soll das mit uns so weitergehen?
Bin ich dir peinlich, oder warum willst du
10 nichts mit mir zu tun haben?"
Marcel sieht sie erstaunt an.
„Hey, nun bleib mal locker! Wir haben
am Wochenende ein wichtiges Auswärtsspiel.
Da gibt es nun mal einiges zu besprechen."
15 „Ach ja?", schnappt Cindy beleidigt.
„Ja, aber davon verstehst du nichts!"
Marcel knufft sie freundschaftlich in die Seite.
Er hat es spaßig gemeint, aber er erwischt Cindy
damit auf dem falschen Fuß.
20 „Dann geh doch Fußball spielen!",
schnauzt sie ihn an. Wütend marschiert sie davon.

Marcel läuft hinter ihr her.
„Hey Cindy! Das war doch nicht so gemeint!

Komm mal her!"

Er nimmt sie in die Arme und küsst sie zärtlich auf den Mund.

Cindy vergisst allen Ärger.

Gemeinsam gehen sie in die Fußgängerzone.

5 Marcel hält ihre Hand und immer wieder bleiben sie stehen, um sich zu küssen.

Kapitel 8b

Am Samstag ist das Fußballspiel.

Cindy steht natürlich am Spielfeldrand.

Schließlich will sie ihren Freund ja anfeuern.

Sie lehnt an der Absperrung und wartet,

5 dass es losgeht.

Ein paar andere Mädchen stehen unweit von ihr.

Es sind nur wenige Eltern da und

zwei alte Männer, die sich vermutlich

jedes Spiel angucken.

10 Endlich kommen die Spieler auf das Feld.

Einer läuft noch schnell zu seiner Freundin

und gibt ihr einen Kuss, bevor angepfiffen wird.

Cindy hätte sich das auch gewünscht.

Stattdessen winkt ihr Marcel nur aus der Ferne zu.

15 Aber in der Halbzeit kommt

ein verschwitzter Marcel kurz bei ihr vorbei,

um sich einen Kuss abzuholen. Dann verschwindet

er mit den anderen in der Umkleidekabine.

Cindy langweilt sich. Soll das jetzt ewig

20 so weitergehen? Jedes Wochenende?

Sie hat keine Ahnung von Fußball und

sie interessiert sich auch nicht dafür. Sie findet es

ziemlich bescheuert, hinter einem Ball herzulaufen.
Nach dem Spiel läuft Marcel noch einmal
kurz zu ihr, um dann anschließend zum Duschen
in der Umkleidekabine zu verschwinden.
5 Als Marcel fertig geduscht ist
und sie sich Arm in Arm auf den Weg
zu ihm nach Hause machen,
sind die Gedanken über die vergeudete Zeit
am Spielfeldrand schon wieder verflogen.
10 Cindy ist neugierig zu erfahren, wie ihr Freund
wohnt. Wie wohl sein Zimmer aussieht?
Ob seine Eltern auch da sind?

Ein paar Straßen weiter haben sie ihr Ziel erreicht.
Marcel wohnt nicht in einem Einfamilienhaus,
15 sondern in einer Mietwohnung.
Das Haus sieht spießig aus und im Treppenhaus
riecht es nach Putzmittel.
Cindy geht hinter Marcel die Treppen hoch.
Zweiter Stock. Vor der linken Tür bleibt er stehen.
20 Er öffnet die Tür und bedeutet Cindy einzutreten.

Es ist ganz anders, als Cindy
es sich vorgestellt hat. Der Flur ist dunkel.
Es riecht angenehm und alles wirkt sehr sauber.

Anscheinend ist niemand zu Hause.
„Meine Mutter arbeitet. Sie ist Altenpflegerin.
Hat heute Spätdienst. Mein alter Herr
ist mal wieder auf Geschäftsreise."
5 Marcel öffnet ihr seine Zimmertür.
Das Zimmer ist ein typisches Jungenzimmer.
Fußballbilder hängen dort. Ein paar Basecaps
sind an der Wand aufgehängt. Das Bett ist nicht
gemacht. Mehrere Anziehsachen türmen sich
10 auf Bett und Fußboden. Auf dem Schreibtisch steht
eine fast leere Colaflasche.
Auf dem Kleiderschrank reihen sich
ein paar verstaubte Fußballpokale aneinander.
Die Wände sind hellblau gestrichen.
15 Auf dem Kopfkissen liegt ein verknautschter Teddy.
„Süß!", denkt Cindy. Sie muss schmunzeln.

Marcel räumt schnell einen Sitzplatz für sie frei,
indem er ein paar Sachen zur Seite schiebt.
Sie setzen sich auf sein Bett.
20 Marcel zieht Cindy zu sich heran
und beginnt sie zu küssen.
Cindy erwidert den Kuss. Es kribbelt so schön
im Bauch. Es fühlt sich an, als ob sie
tausend Schmetterlinge in ihrem Körper hätte.

„Will er jetzt mehr?", denkt sie. Und als ob er
ihre Gedanken lesen könnte,
hört er plötzlich auf, sie zu küssen und fragt:
„Möchtest du vielleicht etwas trinken?"
5 Cindy ist dankbar für die Ablenkung.
Gemeinsam gehen sie in die Küche.
Anschließend hören sie in seinem Zimmer Musik
und knutschen.
Cindy erschreckt regelrecht,
10 als sie einen Schlüssel im Türschloss hört.
„Das ist nur meine Mutter!", grinst Marcel.
Wenig später steckt eine nett aussehende Frau
den Kopf zur Tür herein.
„Ach, du hast Besuch! Wie war dein Fußballspiel?
15 Soll ich uns was zu essen machen?"
Cindy durchzuckt ein ungutes Gefühl
bei dem Wort Essen. „Wie spät ist es denn?",
fragt sie panisch.
„Kurz vor acht!", antwortet Marcels Mutter
20 freundlich.
„Oh Scheiße, ich hätte um sieben
zu Hause sein sollen! Na, das gibt Ärger!"

Schnell zieht Cindy ihre Schuhe an, nimmt
ihre Tasche und geht.

Kapitel 9b

Zu Hause gibt es wie erwartet Ärger.
Es endet damit, dass Cindy sich Türen knallend
in ihr Zimmer verzieht.
Warum hat sie bloß so spießige Eltern?

5 Cindy schaltet den Computer an. Sie will
ein bisschen chatten. Wenn schon nicht die Eltern
zu einem halten, dann vielleicht wenigstens
die Freunde!
Per Chat verabredet sie sich mit Marcel
10 für den nächsten Tag zum Baden am See.

Am nächsten Tag, Sonntag, ist es richtig heiß.
Schon morgens, als Cindy das Haus verlässt,
ist es total warm.
Als sie zum verabredeten Treffpunkt kommt,
15 ist Marcel noch nicht da.
„Typisch!", denkt Cindy. Sie scheint ständig
auf ihn zu warten.
Zum Glück dieses Mal aber nicht lange,
Marcel kommt halbwegs pünktlich.
20 Die Liegewiese am See ist schon gut besucht.
Cindy liebt diese Wiese. Die frische Luft
vom See mischt sich mit diversen Düften

der Sonnencremes.
Cindy hat sich ihren Bikini schon zu Hause
untergezogen.
Als erstes breitet sie eine Decke aus.

5 „Ich glaube, ich muss sofort ins Wasser!",
sagt Marcel, noch während er sich das T-Shirt
über den Kopf zieht.
„Dann geh mal schön alleine. Ich werde mich erst
noch ein bisschen sonnen. Cremst du mir vorher
10 bitte noch den Rücken ein?" Cindy hält ihm
die Sonnencreme hin.
Marcel cremt sie ein. Dann rennt er ins Wasser.
Cindy stellt sich ihren MP3-Player an
und döst in der Sonne ein.
15 Nach einiger Zeit wacht sie auf. Wo ist Marcel?
Ist er noch im Wasser?
Cindy kann ihn dort nicht sehen.
Da! Er sitzt bei einem anderen Mädchen
auf der Decke. Die beiden scheinen sich zu kennen.
20 Sie lachen miteinander.
Cindy spürt, wie sie wütend wird.
Er ist doch mit ihr hierher gekommen und jetzt
sitzt er da mit dieser anderen,
während sie sich langweilt!

Ob sie dort einmal hingehen soll?
Jetzt lachen sie wieder! Das fremde Mädchen
legt Marcel die Hand auf die Schulter.
Wie Marcel sie ansieht!
5 Oder soll sie einfach ihre Sachen packen
und verschwinden?
Dann hätte Marcel vielleicht wenigstens
ein schlechtes Gewissen!

Auch in den folgenden Minuten macht Marcel
10 keinerlei Anstalten, zu ihr zurückzukommen.
Im Gegenteil: Er scheint sich mit der Anderen
bestens zu amüsieren!
Cindy ist nun so wütend, dass sie beschließt,
dem Treiben ein Ende zu bereiten.
15 Wütend springt sie auf und geht
mit energischen Schritten auf die beiden zu.
„Na? Ihr scheint euch ja besonders gut zu
kennen!", schnauzt sie Marcel
und das fremde Mädchen schnippisch an.
20 Das Mädchen blickt etwas verdattert zu ihr auf.
Marcel verdreht die Augen.
„Cindy – darf ich dir Leonie vorstellen?
Leonie, dass ist Cindy!"
Marcel zeigt zwischen den Mädchen hin und her,

die sich eingehend betrachten.

„Leonie ist meine Ex", fügt er erklärend hinzu, nachdem Cindy ihn mit einem bösen Blick bedacht hat.

5 „Kommst du dann?", Cindy kocht vor Wut.
Warum weiß sie nichts von dieser Ex?
Warum hat er ihr nichts davon erzählt?
Warum sind die beiden noch so vertraut?
Haben die etwa noch was miteinander?

10 „Es ist doch gerade so nett! Setz dich doch zu uns!", fordert Marcel sie auf und klopft dabei auf ein Fleckchen freies Handtuch neben sich.
„Spar dir das, du Arsch!", kreischt Cindy ihn an.
Wütend läuft sie zu ihrem Handtuch zurück.
15 Eilig stopft sie ihre Sachen in die Tasche.
Bloß weg hier!
Als sie gerade gehen will, hält Marcel sie fest.
Er umarmt sie. Erst will sie sich befreien und trotzdem gehen, aber dann überlegt sie es sich
20 anders. Schließlich ist Marcel ja jetzt bei ihr!

„Hey! Bist du etwa eifersüchtig?"
Cindy schüttelt den Kopf.
Marcel fängt an zu lachen.

„Oh doch, das bist du! Wie süß!"
Er drückt sie an sich.
„Zwischen Leonie und mir ist es schon lange aus!
Aber wir verstehen uns immer noch gut.
5 Das ist doch nichts Schlechtes, oder?"
Cindy sieht ihn an. Sie ist zwar immer noch sauer
auf ihn, aber irgendwie findet sie das auch gut,
was er gesagt hat.
Sie muss an ihre Mitschülerin Cheyenne denken.
10 Cheyenne ist vor einigen Monaten von ihrem Ex
übel im Netz gemobbt worden. Er hat sie überall
schlecht gemacht und Lügengeschichten
über sie erzählt.
Im Grunde hat sie doch großes Glück,
15 einen so netten Freund zu haben.
Alles ist besser, als eine Schlammschlacht
am Ende einer Beziehung!
Marcel gibt ihr einen Kuss. Seufzend fallen sie
auf ihre Decke und küssen sich ausgiebig.
20 Plötzlich spüren die beiden einen Schatten
über sich. Cindy und Marcel lassen voneinander ab
und fangen an zu grinsen, als sie Lara und Adnan
Hand in Hand vor sich stehen sehen.
Liebe ist schon etwas Schönes, oder?

Ende

sagt er mit einer entschuldigenden Geste
zu Leonie. Leonie lacht nur und macht ihm
ein Zeichen, dass er ruhig gehen soll.
Marcel erwischt Cindy gerade noch.
5 Er umarmt sie. Erst will sie sich befreien,
aber dann überlegt sie es sich
anscheinend anders.

„Hey! Bist du etwa eifersüchtig?"
Cindy schüttelt den Kopf.
10 Marcel fängt an zu lachen.
„Oh doch, das bist du! Wie süß!"
Er drückt sie an sich.
„Zwischen Leonie und mir ist es schon lange aus!
Aber wir verstehen uns immer noch gut.
15 Das ist doch nichts Schlechtes, oder?"
Cindy sieht ihn an.

Marcel gibt ihr einen Kuss. Seufzend fallen sie
auf ihre Decke und küssen sich ausgiebig.
Liebe ist schon etwas Schönes!

Ende

Leonie und er haben sich damals
friedlich getrennt. Er mag sie noch immer,
denn mit ihr ist es immer lustig.
Aber lieben tut er sie nicht.
5 Da ist nur Platz für Cindy!

„Na? Ihr scheint euch ja besonders gut
zu kennen!", schnauzt Cindy plötzlich hinter ihm.
Marcel verdreht die Augen. „Oh nein,
jetzt bitte keine Szene!", denkt er bei sich.
10 „Cindy – darf ich dir Leonie vorstellen?
Leonie, dass ist Cindy!" Marcel zeigt zwischen
den Mädchen hin und her,
die sich eingehend betrachten.
„Leonie ist meine Ex!", fügt er erklärend hinzu,
15 nachdem er Cindys bösen Blick sieht.
„Kommst du dann?", Cindy hört sich ziemlich
wütend an.
„Es ist doch gerade so nett!
Setz dich doch zu uns!", fordert Marcel sie auf
20 und klopft auf ein Fleckchen freies Handtuch
neben sich.
„Spar dir das, du Arsch!", kreischt Cindy ihn an.
Wütend läuft sie zu ihrem Handtuch zurück.
„Sorry, ich glaube ich muss da mal hinterher!",

Jedenfalls bewegt sie sich nicht. Dabei hätte er

jetzt gerne mit ihr im Wasser geplantscht.

Plötzlich gluckert ihn jemand von hinten unter.

Erschrocken schnappt Marcel nach Luft,

5 als sein Kopf wieder aus dem Wasser auftaucht.

Dann sieht er vor sich Leonie.

Seine Exfreundin schwimmt grinsend um ihn herum.

Sie lacht schelmisch.

„Na warte!", keucht Marcel.

10 Dann hechtet er sich auf sie.

Nun muss Leonie unfreiwillig tauchen.

„Jetzt sind wir quitt!", grinst Marcel sie an,

als sie wieder auftaucht.

„Was machst du denn hier?"

15 „Dasselbe wollte ich dich fragen.

Wonach sieht es denn aus?" Marcel sieht sie an.

Leonie macht eine einladende Handbewegung

und deutet zu ihrer Decke.

„Hast du Lust, mir ein bisschen Gesellschaft

20 zu leisten? Meine Freundin ist noch nicht da!"

Marcel trottet hinter ihr aus dem Wasser.

„Warum eigentlich nicht?", denkt er bei sich.

Cindy schläft ja sowieso.

Kapitel 9b

Am nächsten Tag sind Cindy und Marcel

zum Baden am See verabredet.

Es ist ein richtig heißer Tag.

„Ideal, um mit Cindy im Wasser zu albern",

5 denkt Marcel.

Als er am Treffpunkt ankommt,

wartet Cindy schon auf ihn.

Die Liegewiese am See ist schon gut besucht.

Marcel lässt seinen Blick schweifen.

10 Die frische Luft vom See mischt sich

mit verschiedenen Düften der Sonnencremes.

Cindy breitet eine Decke aus.

Marcel zieht sein T-Shirt über den Kopf und sagt:

„Ich glaube, ich muss sofort ins Wasser!"

15 „Dann geh mal schön alleine.

Ich werde mich erst noch ein bisschen sonnen.

Cremst du mir vorher bitte noch den Rücken ein?"

Cindy hält ihm die Sonnencreme hin.

Marcel cremt sie ein. Dann rennt er ins Wasser.

20 Das Wasser ist noch recht kühl,

aber Marcel genießt die Erfrischung.

Er sieht zu Cindy hinüber. Sie liegt auf der Decke

und scheint eingedöst zu sein.

„Wie spät ist es denn?", fragt Cindy daraufhin
hektisch.

„Kurz vor acht!", antwortet Marcels Mutter
freundlich.

5 „Oh Scheiße, ich hätte um sieben zu Hause
sein sollen! Na, das gibt Ärger!"

Schnell zieht Cindy ihre Schuhe an,

nimmt ihre Tasche und läuft raus.

„Na, danke Mama!

10 Das war ja mal ein Koitus interruptus!",

Marcel grinst seine Mutter an.

„Man tut was man kann!

Du hättest mir ruhig erzählen können,

dass du wieder eine Freundin hast.

15 Dann hätte ich vielleicht auch vorher angeklopft."

Seine Mutter zwinkert ihm verschwörerisch zu.

Marcel geht hinter seiner Mutter her in die Küche.

Schließlich muss er ihr doch noch

von seinem grandiosen Sieg erzählen!

Er stellt seine Tasche an der Garderobe ab.

„Meine Mutter arbeitet. Sie ist Altenpflegerin und
hat heute Spätdienst. Mein alter Herr ist
mal wieder auf Geschäftsreise."

5 Marcel öffnet Cindy die Tür zu seinem Zimmer.
Er beobachtet Cindy. Sie schmunzelt, als sie sich
in seinem Zimmer umsieht. Erst jetzt bemerkt er,
dass sein Zimmer ziemlich unaufgeräumt ist.
Nicht einmal einen Platz zum Sitzen

10 kann er Cindy anbieten.

Schnell schiebt er ein paar Sachen zur Seite.
Sie setzen sich auf sein Bett.
Marcel zieht Cindy zu sich heran und beginnt
sie zu küssen.

15 Den Rest des Tages hören sie Musik und
knutschen.
Marcel könnte sie noch ewig weiterküssen,
da hört er seine Mutter die Haustür aufschließen.
„Eltern kommen immer zur unpassenden Zeit",

20 denkt er noch, als seine Mutter auch schon
den Kopf zur Tür hereinsteckt.
„Ach, du hast Besuch! Wie war dein
Fußballspiel? Soll ich was zu essen machen?"

Er will sein Bestes geben!
Nach dem Spiel geht Marcel noch einmal kurz
zu ihr, um dann anschließend zum Duschen
in der Umkleidekabine zu verschwinden.
5 Er ist total verschwitzt.
Es ist ein gutes Spiel gewesen. Sie haben
den Ballsportverein Holsten mit 2:1 besiegt.
In der Umkleidekabine jubeln
seine Mannschaftskollegen.
10 Die anderen wollen feiern gehen. Sie versuchen
Marcel zu überreden, mitzukommen.
Doch der kann es nicht mehr erwarten,
endlich Zeit mit Cindy zu verbringen.

Als er aus der Umkleidekabine kommt,
15 begrüßt er Cindy stürmisch. Arm in Arm
machen sie sich auf den Weg zu Marcel.
Er hofft, dass er zu Hause mal
etwas ungestört mit Cindy sein kann.
Seine Mutter muss heute arbeiten.

20 Marcel schließt die Haustür auf.
Gemeinsam gehen sie die vier Treppen
bis in den zweiten Stock hoch. Marcel öffnet
die Wohnungstür und bedeutet Cindy einzutreten.

Kapitel 8b

Am Wochenende ist endlich das Fußballspiel.

Marcel ist aufgeregt.

Es ist ein entscheidendes Spiel.

Seine Mannschaft benötigt jeden Punkt.

5 Dann haben sie die Möglichkeit aufzusteigen.

Es ist ihm sehr wichtig. Er will sich anstrengen.

Schließlich ist er ein guter Fußballer und

insgeheim träumt er davon,

als Fußballtalent entdeckt zu werden.

10 Die Stimmung in der Umkleidekabine ist unruhig.

Alle sind nervös. Es sind harte Gegner und

ihre offensive Spieltaktik ist keinesfalls

zu unterschätzen.

Kurz vor dem Anpfiff entdeckt er sie.

15 Cindy lehnt an der Balustrade und

sieht zu ihm rüber. Er winkt ihr zu.

In der Halbzeit läuft er kurz zu ihr,

um sich einen Kuss abzuholen.

Dann verschwindet er schnell mit

20 den anderen in die Umkleide.

Es gibt noch ein paar

taktische Fragen zu klären.

Er freut sich aber, dass sie da ist.

Hoffentlich ist sie stolz auf ihn.

Marcel hält ihre Hand und immer wieder bleiben sie stehen, um sich zu küssen.

Statt einer freundlichen Begrüßung

blafft Cindy ihn gleich an:

„Sag mal, soll das mit uns so weitergehen?

Bin ich dir peinlich oder warum willst du

5 nichts mit mir zu tun haben?"

Marcel sieht sie erstaunt an.

„Hey, nun bleib mal locker!

Wir haben am Wochenende

ein wichtiges Auswärtsspiel. Da gibt es nun mal

10 einiges zu besprechen."

„Ach ja?", schnappt Cindy beleidigt.

„Ja, aber davon verstehst du nichts!"

Marcel knufft sie freundschaftlich in die Seite.

Er hat es spaßig gemeint, aber er erwischt Cindy

15 damit auf dem falschen Fuß.

„Dann geh doch Fußball spielen!", schnauzt sie

ihn an. Wütend marschiert sie davon.

Marcel läuft hinter ihr her.

„Hey Cindy! Das war doch nicht so gemeint!

20 Komm mal her!"

Er nimmt sie in die Arme und küsst sie zärtlich

auf den Mund. Cindy scheint ihren Ärger

zu vergessen. „Gott sei Dank!", denkt Marcel.

Sie gehen gemeinsam in die Fußgängerzone.

64

fragt Cindy.

„Nach der Schule habe ich doch Training.

Ich kann nicht. Sorry!" Entschuldigend hebt Marcel

die Schultern.

5 „Heute Abend? Hast du da Zeit?",

fragt Cindy weiter.

„Heute Abend ist es auch ungünstig.

Ich schreibe morgen Englisch.

Da muss ich noch lernen!"

10 Cindy keift ihn wütend an: „Hast du

irgendwann auch noch mal Zeit für mich?"

„Morgen vielleicht! Treffen wir uns

nach der Schule?" Es klingelt.

„Nicht wieder zu spät kommen", denkt Marcel und

15 wendet sich schnell zum Gehen.

Am nächsten Tag sehen sich Marcel und Cindy

gar nicht in der Pause. Wie schon am Vortag geht

es in der Pause fast einzig um das Fußballspiel

am Wochenende. „Ob Cindy wieder sauer ist?",

20 überlegt Marcel. „Das Spiel ist aber echt wichtig,

das muss sie doch verstehen."

Nach der Schule wartet Marcel wie verabredet

am Schultor auf Cindy.

63

Sie rutscht an seinem Mund ab.

Die anderen Jungen grölen

daraufhin gleich los.

Marcel findet die Situation unangenehm.

5 Er schiebt Cindy leicht von sich weg.

„Nicht so stürmisch!", sagt er, aber Cindy

guckt ihn wütend an. Sie geht einfach weg.

Marcel läuft hinter ihr her und hat sie

schnell eingeholt. Er hält sie am Arm fest.

10 „Cindy, warte doch! Es tut mir leid.

Du hast mich nur gerade überrumpelt."

Cindy guckt ihn wütend an.

„Ich kam mir richtig dumm vor –

mit deinen grölenden Freunden!"

15 „Hey, ich sagte doch, dass es mir leid tut!"

Marcel gibt ihr einen Kuss. Er will nicht,

dass Cindy böse auf ihn ist.

Es war doch nur ein blödes Missverständnis.

Er spürt die Blicke der anderen.

20 Er hört Paul von den Fußballern rufen:

„Ja, richtig so! Schieb ihr die Zunge rein!"

„Vollidiot!", denkt Marcel. Der ist doch bloß neidisch,

dass er keine abkriegt.

„Was machst du denn nach der Schule?",

Kapitel 7b

Am nächsten Tag verschläft Marcel.

Er hat den Wecker einfach nicht gehört.

Er schafft es trotzdem,

schon kurz nach Schulbeginn da zu sein.

5 Die Flure sind bereits leer

und alle Schüler und Lehrer in ihren Klassen.

So handelt Marcel sich gleich als erstes Ärger ein.

Es ist ihm aber ziemlich egal.

Heute ist ihm alles egal.

10 Er ist nämlich glücklich verliebt!

In der Pause will er eigentlich Cindy suchen,

aber seine Fußballkumpels halten ihn fest.

Sie sprechen über das Spiel

am kommenden Wochenende.

15 Es wird ein schweres Auswärtsspiel.

Über all dem Gerede vergisst Marcel Cindy völlig.

Als sie dann plötzlich hinter ihm steht und

ihn anspricht, fühlt er sich leicht überrumpelt.

Er hat mit Adnan noch gar nicht

20 über Cindy gesprochen und es ist ihm

unangenehm, dass er es auf diese Art erfährt.

Als er sich zu ihr dreht, gibt Cindy ihm auch noch

etwas ungeschickt einen Kuss.

Ein Kribbeln läuft ihm über den Rücken.

Er ist so glücklich!

Er könnte jetzt die ganze Welt umarmen.

Der Kuss dauert eine Ewigkeit.

5 Nun sind sie also ein Paar.

Cindy und Marcel.

Cindy steht an der Balustrade und
blinzelt in die Sonne, als er
aus dem Umkleidehäuschen kommt.
„Hey, da bist du ja!"

5   Gemeinsam gehen die beiden ein Stückchen
nebeneinander her.
Keiner sagt etwas. Marcel hat irgendwie
das Gefühl, dass er jetzt etwas tun müsste.
Er nimmt vorsichtig ihre Hand.
10 Sie erwidert seinen Griff.
Sie gehen so ein ganzes Stück.
„Wo gehen wir eigentlich hin?", fragt Cindy.
Marcel fängt an zu lachen: „Das weiß ich
gerade selbst nicht. Irgendeine Idee?"
15 Cindy muss auch lachen.
Sie beschließen, sich ein Eis zu kaufen und
sich an den Fluss in die Sonne
auf eine Bank zu setzen.

Nach dem Eis fangen sie an herumzualbern.
20 Sie laufen zum Wasser hinunter.
Marcel schlingt die Arme um sie.
Er will sie küssen! Jetzt!
Ihre Lippen schmecken nach Erdbeereis.

Kapitel 6b

Marcel schlittert über den Rasen.

Er ist völlig verschwitzt.

Er hat beim Training alles gegeben und
erntet ein dickes Lob von seinem Trainer.

5 Für den Fall, dass Cindy etwas früher kommt,
soll sie doch sehen,

was er für ein Ausnahmetalent ist.

Er will sich schließlich nicht vor ihr blamieren.

Sie kommt tatsächlich etwas eher.

10 Marcel ist stolz, dass sie seinetwegen hier ist.

Nach dem Training geht er kurz zu ihr.

„Hallo Cindy! Schön, dass du da bist! Ich geh
nur schnell duschen, okay? Ich stinke bestimmt
wie ein Iltis ...“

15 „Noch rieche ich nichts, aber geh mal besser.
Ich laufe nicht davon!“

Cindy lächelt ihn an und Marcels Herz
macht einen Freudenhüpfer.

Er beeilt sich so sehr, dass sich

20 seine Mannschaftskollegen über ihn lustig machen.

Marcel stört das aber nicht. Im Gegenteil:

Er hat gar kein Ohr für solche Sprüche.

Er will nur zu Cindy – und zwar schnell.

die Turteltäubchen mal alleine."

Damit verschwinden die beiden im Gewühl.

„Hallo!" Cindy lächelt Marcel an.

„Hi!" Marcel freut sich, aber die Worte wollen ihm

5 nicht so recht über die Lippen. „Hast du heute
Nachmittag Zeit? Ich habe um halb drei
Fußballtraining, aber danach könnten wir vielleicht
irgendwohin gehen. – Du könntest mich ja
vom Fußballplatz abholen ..."

10 „So – könnte ich das? Und wo ist irgendwo hin?"
„Ach, ich weiß es nicht!"
Marcel sieht auf seine Füße und kickt
einen kleinen Stein beiseite.
„Ich möchte einfach mit dir zusammen sein!"

15 Es folgt eine kurze Pause.
Marcel guckt Cindy in die Augen.
Sie lächelt ihn immer noch an.
„Okay. Ich komme dich abholen.
Um halb vier dann am Sportplatz?"

20 Er nickt ihr zu und verschwindet im Gewühl.
Es hat längst gegongt und die Schüler drängeln
zu ihren Klassen.

Er kann den nächsten Tag kaum abwarten.

Er wird sich mit Cindy verabreden.

Er will einfach nur mit ihr zusammen sein.

Am nächsten Morgen in der Schule

5 fällt es Marcel sehr schwer,

sich im Unterricht zu konzentrieren.

In der Deutschstunde kaspert er so herum,

dass er sich einen Tadel einfängt.

In der Pause beeilt er sich,

10 auf den Hof zu kommen. Da steht sie!

Er nimmt Kurs auf Cindy.

„Ey, du hängst mich ja fast ab! Was hast du es

denn plötzlich so eilig?" Adnan versucht,

mit Marcel Schritt zu halten.

15 Als er in Marcels Richtung sieht,

erblickt er Lara und Cindy –

und dann weiß er auch gleich Bescheid.

Marcel bleibt hinter Cindy stehen,

sie bemerkt ihn nicht.

20 Plötzlich fangen Marcel und Lara an, zu lachen.

„Hey, kann man mitlachen?", fragt Adnan.

„Denen ist nicht mehr zu helfen!", antwortet Lara

lachend und zeigt auf Cindy und Marcel.

„Komm mit! Ich glaube, wir lassen

Sie gehen weiter nebeneinander her.

Keiner sagt etwas.

Er fühlt sich irgendwie sicher.

„Es ist, als ob ich sie schon länger kennen würde",

5 denkt er.

Schließlich ist es Marcel, der das Wort ergreift.

„Wollen wir vielleicht eine Cola trinken gehen?

Oder einen Burger essen?"

„Gerne!"

10 Marcel jubelt innerlich. Geschafft!

Sie gibt ihm noch eine Chance!

Bei McDonald's trinken sie Milkshake

und reden über Gott und die Welt.

Sie sind sich so vertraut. Als ob sie schon lange

15 befreundet wären. Marcel ist gut drauf.

Immer wieder kann er Cindy zum Lachen bringen.

Er liebt ihr Lachen. Er liebt einfach alles an ihr!

Und wenn er sie ansieht,

dann ist da wieder dieses Kribbeln im Bauch.

20 Den restlichen Tag und den Abend verbringt

Marcel allein. Er will in Ruhe an Cindy denken

und möglichst nicht gestört werden.

Wenn er sie nämlich sieht,

dann grüßt sie ihn nun wieder ganz freundlich

und lächelt ihn auch fast immer an.

Er bildet sich sogar ein,

5 dass sie beim letzten Mal etwas rot geworden ist.

Als er eines Tages auf dem Nachhauseweg

von der Schule ist, sieht er Cindy.

Er hält mit seinem Fahrrad neben ihr und

beschließt, sie noch einmal anzusprechen.

10 Wenn sie ihm nun wieder eine Abfuhr gibt,

dann wird er ab heute die Finger von ihr lassen,

aber wenn sie sich mit ihm verabredet,

dann wäre das einfach großartig!

„Hallo, Cindy!", sagt er mit sanfter Stimme.

15 Er will sie nicht erschrecken.

Cindy guckt ihn überrascht an.

„Sie sieht echt nett aus", denkt er so bei sich.

Ihr Mund ist so süß. Und die Augen erst!

Sie hat so tolle Augen und ganz lange Haare!

20 „Hallo, Marcel!", antwortet sie.

Marcel sieht ihr tief in die Augen.

„Geht es dir wieder besser? Ich wollte nicht ..."

„Schon gut", fällt Cindy ihm ins Wort.

Sie lächelt ihn an und Marcel lächelt zurück.

25 Er freut sich.

Nicht locker lassen. Gib ihr Zeit.

Sie wird dir schon zeigen, was sie möchte.

Marcel beschließt, sich nicht runterziehen
zu lassen. Er will abwarten, wie sich
5 die Dinge entwickeln. Letztendlich wird ihm
auch nichts anderes übrig bleiben.
„Selbst wenn ich mich zum Trottel mache,
wird die Welt davon nicht untergehen", denkt er
noch. Dann schläft er ein.

10 In den nächsten Tagen beobachtet Marcel Cindy.
Aber sie macht keine Anstalten, zu ihm zu gehen
oder sich mit ihm zu unterhalten.

Die Wochen vergehen.
In der Schule schreiben sie mehrere Arbeiten und
15 außerdem haben sie viele wichtige Fußballspiele.
Marcel will sein Bestes geben. Er strengt sich an.
Das Fußballspielen lenkt ihn zum Glück
von Cindy ab.
Er wird immer besser. Sein Trainer lobt ihn
20 in den höchsten Tönen. Aber er kann Cindy
einfach nicht vergessen.
Ist es wirklich richtig, abzuwarten?

Kapitel 5b

Marcel liegt auf seinem Bett und denkt nach.

Die Musik hat er laut gestellt.

Seine Gefühle fahren Achterbahn.

Immer und immer wieder denkt er an die Szene

5 in der Eisdiele. Man kann es so und so deuten.

Letztendlich gibt es nur zwei Möglichkeiten:

Die eine Möglichkeit ist, dass er Cindys Gesten

einfach völlig falsch gedeutet hat.

Sie ist nicht verliebt in ihn,

10 obwohl er es so verstanden hat.

In diesem Fall lautet das Fazit: Finger weg!

Wenn er sich nicht vollends zum Trottel

machen will, dann sollte er sie

von nun an in Ruhe lassen.

15 Möglichkeit zwei ist, dass er sie

mit der Liebeserklärung einfach überrumpelt hat.

Sie hat vielleicht einfach nicht gewusst,

wie sie darauf reagieren soll.

Vielleicht ist sie einfach unsicher gewesen.

20 Vielleicht ist es die erste Liebeserklärung

ihres Lebens gewesen?

Falls dies der Fall sein sollte, lautet das Fazit:

Wütend auf diese idiotische Mutprobe.

Als Ronny kurz rausgeht, fragt er Adnan:

„Wie hat Cindy darauf reagiert?"

Adnan sieht ihn ernst an.

5 „Das willst du, glaube ich, nicht wirklich wissen ..."

„Erzähl!", fordert Marcel seinen Freund auf.

„Sie findet die Aktion voll daneben. – Ich finde das
übrigens auch!

Ich will dich noch etwas länger

10 als Freund behalten!"

Adnan sieht Marcel eindringlich an.

„Mach so etwas nicht wieder! Bitte!"

Marcel schämt sich. Er erzählt Adnan
von dem Besuch des Lokführers.

15 Dann hebt er seine Hand zu einem Schwur
und sagt: „Versprochen, Alter!"

Er schlägt in Adnans hingehaltene Hand ein.

Ronny kommt zurück. Er hat Eis für alle
aus dem Kiosk geholt.

20 „Es gibt eben doch noch echte Freunde",
denkt Marcel.

Ende

in die Höhe.

„Alle haben es gesehen!

Du bist das Gesprächsthema Nr. 1

an unserer Schule!"

5 Marcel senkt den Blick. „Wisst ihr was?

Das will ich überhaupt nicht sein!

Das war absoluter Bullshit,

was ich da gemacht habe.

Und die anderen, die können mich mal!"

10 „Willst du mal sehen?" Adnan hält Marcel

sein Smartphone vor die Nase.

Er lässt einen Film bei You Tube ablaufen.

Es ist sehr dunkel und auch ziemlich verwackelt.

15 Marcel hört die Stimmen von Marvin und

den anderen. Da sieht er sich und Patrick.

Er sieht die Lichter des Zuges,

die sich rasend schnell nähern.

Es geht alles sehr schnell.

20 Patrick springt vor ihm vom Gleis.

Marcel hat also gewonnen – und doch verloren!

„Nochmal!", sagt er und Adnan lässt den Film

noch einmal ablaufen.

Plötzlich verspürt Marcel eine unbändige Wut.

25 Er ist wütend auf Marvin.

Er ist genervt, weil er Angst hat, niemals wieder
auf dem rechten Auge sehen zu können.
Er ist genervt, weil seine Schulter höllisch weh tut.
Er kann nicht mal eine Zeitschrift halten,
5 geschweige denn, mit dem einen Auge
richtig gut lesen.
Er ist genervt, weil er in der nächsten Zeit
keinen Fußball spielen kann.
Er ist genervt, weil Cindy sich nicht
10 für ihn interessiert.

Mitten in seine trüben Gedanken hinein klopft es
an seine Zimmertür.
Adnan steckt den Kopf zur Tür hinein.
Hinter Adnan steht noch jemand. Ronny.
15 „Hey, da ist ja unser Superheld!", grinst Ronny.
„Hallo! Schön, dass wenigstens ihr mich besucht.
Mir fällt hier drinnen die Decke auf den Kopf."
Marcel freut sich, seine Freunde zu sehen.

„Du machst ja Sachen! Du bist der You-Tube-
20 Hero!" Adnan setzt sich auf einen Stuhl.
„Wieso das denn?", fragt Marcel leicht verwirrt.
„Mensch Alter, die haben dein Ding gefilmt!"
Ronny streckt anerkennend den Daumen

49

Marcel schämt sich. Er hat nie über die Folgen
dieser Mutprobe nachgedacht!
Am liebsten wäre er jetzt im Erdboden versunken.
Es ist wieder still im Raum.
5 Der Mann sieht ihn noch einmal an
und spricht weiter:
„Ich erwarte keine Entschuldigung von dir.
Ich möchte, dass du darüber nachdenkst.
Werd schnell wieder gesund!"
10 Er wendet sich zum Gehen.

„Ich werde darüber nachdenken. Tut mir leid!
Das war dumm von mir!"
Marcel blickt betreten zu Boden.
Der Mann nickt und geht dann.
15 Als Marcel allein ist, fängt er an zu weinen.
Er weint in sein Kissen. Er schämt sich so sehr.

In den nächsten Tagen bekommt er
noch einen Vortrag von seinem Vater.
Marcel ist allmählich genervt.
20 Er ist enttäuscht, weil ihn niemand
von der Clique besucht. Anscheinend hat nicht mal
einer nach ihm gefragt.

48

Er bringt nur ein „Hallo!" hervor.

„Wir kennen uns gar nicht", sagt der Mann mit
freundlicher, ruhiger Stimme. „Aber es ist so:
Wenn du es nicht rechtzeitig geschafft hättest,
5 dann hätte ich jetzt einen Menschen getötet!
Ich wäre für den Tod eines Kindes verantwortlich.
Verstehst du das?"
Marcel weiß nicht, was er darauf sagen soll.
Es entsteht eine kurze Pause.
10 Dann redet der Mann weiter:
„Weißt du, ich habe auch einen Sohn. Er ist
zwölf Jahre alt. Der hätte dann einen Vater gehabt,
der ein Kind totgefahren hat. Die anderen Kinder
in der Schule hätten ihn dann vielleicht damit
15 aufgezogen.
Wenn du jetzt tot wärst, dann würde ich vielleicht
nie mehr wieder in einen Zug steigen können.
Ich könnte meinen Beruf nicht mehr ausüben.
Ich hätte mit der Schuld leben müssen,
20 ein Kind getötet zu haben.
Für deine Eltern wäre ich für deinen Tod
verantwortlich." Die letzten Worte stammelt er nur
noch. Er hat Tränen in den Augen.

Am selben Tag kommt tatsächlich die Polizei
zu ihm ins Krankenhaus.
Sie stellen ihm viele Fragen.
Marcel tut so, als ob er sich nicht erinnert.
5 Tatsächlich weiß er vieles von diesem Abend
nicht mehr.
Die Polizisten merken, dass er niemanden
verpfeifen will.
Am Ende halten sie ihm einen Vortrag
10 über gefährliche Mutproben.
Letztendlich ist außer ihm niemand zu Schaden
gekommen, aber es hätte ja auch
anders ausgehen können.

Als es einen Tag darauf wieder bei Marcel
15 an die Zimmertür klopft, steht dort
ein fremder Mann.
Er ist jünger als Marcels Eltern und sieht nett aus.
Marcel guckt ihn verdattert an.
„Hallo! Ich bin Stefan. Du wirst mich nicht kennen.
20 Ich bin der Lokführer, der den Zug gefahren hat.
Ich wollte mal sehen, wie es dir geht ...“
Der Mann kommt langsam ins Zimmer.
Er bleibt am Fußende von Marcels Bett stehen.
Marcel wird es plötzlich heiß. Es ist ihm peinlich.

Kapitel 9a

In den nächsten Tagen erfährt er dann
nach und nach die ganze Geschichte.
So wie es aussieht, haben seine Freunde
ihn einfach an den Gleisen zurückgelassen,
5 um nicht von der Polizei gefasst zu werden.

Der Lokführer hat anscheinend
die Polizei alarmiert.
Die Polizei geht nicht
von einem Selbstmordversuch aus,
10 weil der Lokführer von mehreren Personen
auf den Gleisen berichtet hat.
Eines ist jedenfalls klar. Früher oder später wird
die Polizei hier im Krankenhaus aufkreuzen.
Sie wird von ihm Namen haben wollen.
15 Bestimmt ist von der Bahn Anzeige
erstattet worden.
Marcel wird seine Kumpel natürlich nicht verpfeifen
– aber was soll er der Polizei sagen?
Was wissen sie vielleicht schon?
20 Da von Patrick keiner etwas weiß,
ist ihm wohl nichts passiert.

Das andere ist verbunden.

„Was ist mit Patrick?"

„Patrick? Welcher Patrick? Etwa der
aus deinem Verein?" Seine Mutter sieht

5 nun wieder sehr besorgt aus.

„Ich weiß nichts von einem Patrick!", sagt der Arzt.
Er dreht sich wieder Richtung Tür. „Nun werde
erst mal wieder gesund! Versprich mir, dass du
so etwas nicht wieder tust. Das hätte böse enden

10 können!" Dann geht er durch die Tür.

Seine Mutter sieht ihn ernst an.

„Welcher Patrick?", fragt sie noch einmal.

„Warst du doch nicht alleine?"

Marcel will mit dem Kopf schütteln,

15 da durchfährt ihn wieder ein Schmerz.

„Ruh dich aus!", sagt seine Mutter sanft.

„Es wird sich alles aufklären."

Dann fällt Marcel wieder in einen festen Schlaf.

hat die Krankenschwester den Becher
schon wieder zur Seite gestellt.
Die Schwester geht den Arzt holen.
Marcels Mama sitzt immer noch bei ihm und
5 hält seine Hand. Sie sagt gar nichts. Sieht ihn
einfach nur an. Stellt keine Fragen. Wartet ab.
Der Arzt erscheint in der Tür.
„Da ist er ja wieder!", sagt er mit einem Lächeln
zu Marcel. „Wie fühlst du dich?"
10 Marcel will antworten, aber die Worte wollen ihm
noch nicht so recht aus dem Mund.
„Du hast verdammtes Glück gehabt!", sagt
der Arzt mit ernstem Blick.
„Das hätte schlimm ausgehen können. Beim Sturz
15 hast du dir die Schulter mehrfach gebrochen.
Ein komplizierter Bruch. Wir mussten dich sofort
operieren. Wir haben unser Bestes gegeben,
aber du wirst lange damit zu tun haben.
Dein eines Auge ist durch die Dornen
20 stark beschädigt worden.
Auch das mussten wir operieren.
Es wird sich erst noch zeigen, ob du dort jemals
wieder die volle Sehstärke haben wirst."
Erst jetzt bemerkt Marcel, dass er nur
25 mit einem Auge gucken kann.

Kapitel 8a

Als Marcel aufwacht, liegt er im Krankenhaus.

Um ihn herum stehen piepsende Maschinen.

Er erkennt seine Mutter.

Sie hält seine Hand und lächelt ihn an.

5 Marcel will was sagen, aber er bringt kein Wort

heraus. Schläuche stecken in seiner Nase.

Sein Mund ist trocken. Er hat unglaublichen Durst.

Brennenden Durst.

„Da bist du ja wieder!" Seine Mama sieht ihn

10 mit besorgter Miene an.

„Gott sei Dank! Ich habe mir solche Sorgen

gemacht! Was machst du bloß für Sachen?"

Sie streichelt sanft seine Hand.

„Durst!", ist alles, was Marcel sagen kann.

15 Es ist sein einziger Gedanke.

„Ich klingel mal nach der Schwester.

Sie wird dir bestimmt etwas bringen."

Kurz darauf erscheint eine Krankenschwester.

Wenig später kommt sie mit einem Trinkbecher

20 zurück.

„Vorsichtig! Nur einen kleinen Schluck", mahnt sie,

als sie ihm die Schnabeltasse an die Lippen hält.

Marcel würde am Liebsten den ganzen Becher

leertrinken, aber ehe er sich versieht,

42

Aus der Ferne hört er eine Polizeisirene.

Er verliert für kurze Zeit die Besinnung.

Als er wieder zu sich kommt, stützt jemand
seinen Kopf und schiebt ihm etwas darunter.

5 Er spürt Hände in Gummihandschuhen.

Er hört Stimmengewirr und ein: „Wir brauchen
einen Notarzt!"

Dann wird es schwarz um ihn herum.

Marcel verliert endgültig die Besinnung.

Er schreit auf.

Wie in Zeitlupe sieht er die anderen
auf sich zukommen.

Er sieht alles nur verschwommen.

5 „Ey krass!", sagt Paul anerkennend.

Marcel versucht immer noch, Patrick zu sehen.

Wo ist er nur?

Da! Patrick rappelt sich hoch. Er sieht recht
normal aus. Alles dran. Arme, Beine – alles gut.

10 Wieder versucht Marcel aufzustehen.

Es geht nicht.

Panisch sieht er an sich hinab. Immer noch ist
alles so verschwommen. Sein Kopf tut weh.

Ihm wird schwindelig und schlecht.

15 Marcel spürt, wie es ihm hochkommt. Er muss
sich übergeben. Er schafft es gerade noch,
seinen Kopf zur Seite zu drehen.

Die anderen stehen um ihn herum.

Sie reden, aber Marcel versteht sie nicht.

20 In seinem Kopf rauscht es.

Sie versuchen ihn hochzuheben.

Vor Schmerzen schreit er auf.

Er kann sich nicht bewegen. Alles tut ihm weh.

Er hat Angst, weil er nicht weiß, was mit ihm los ist.

Noch sind keine Lichter
eines herannahenden Zuges zu sehen.
Er hat Angst.
Was macht er hier?
5 Sein Herz hämmert ihm bis zum Hals.
Ihm wird schlecht vor Aufregung!
In dem Moment hört er das Rauschen des Zuges.
Wenige Sekunden später sieht er den Zug.
Er ist verdammt schnell. Er rast auf ihn zu.
10 Er muss springen. Jetzt!
Marcel landet hart auf den Steinen des Gleisbetts.
Mit dem Kopf stößt er gegen einen der Steine.
Er spürt einen dumpfen Aufprall. Das Nächste,
was er spürt, sind Dornen, die ihm die Haut
15 zerkratzen, und warmes Blut in seinem Gesicht.

Mit ohrenbetäubendem Lärm knallt der Zug
an ihm vorbei. Das laute Pfeifen dringt durch
die Dunkelheit.

Danach wird es still.
20 „Ich lebe noch!", ist Marcels erster Gedanke.
Dann sieht er sich um. Was ist mit Patrick?
Als Marcel versucht sich aufzurichten,
durchfährt ihn ein stechender Schmerz.

An den Gleisen angekommen, erläutert Marvin
nochmals die Spielregeln. Jeweils ein Paar stellt
sich auf das Gleis. Einer auf die rechte Schiene
und einer auf die linke Schiene.

5   Es gilt, so lange wie möglich auf den Gleisen
stehen zu bleiben. Wer zuerst abspringt,
hat verloren.
Marcel blickt zur Seite. Das Gleisbett aus Steinen
würde kein sanftes Abspringen erlauben.

10 Im Gegenteil: Durch die Steine und
das pieksige Dornengestrüpp zu beiden Seiten
der Schienen sind Schürfungen und blaue Flecken
wohl vorprogrammiert!

Es ist finster. Auch wenn Marcels Augen sich
15 langsam an die Dunkelheit gewöhnen.
Hier im Wald gibt es kein Licht.
Marvin gibt das Kommando für die erste Truppe.
Der Zug wird in wenigen Minuten kommen.
Marvin hat die Zeiten auf dem Smartphone.

20 Patrick und Marcel stellen sich auf das Gleis.
Marcel hat das rechte, Patrick das linke gewählt.
Es ist still. Angespannt warten sie und
lauschen in die Nacht.
Marcel blickt nervös in die Dunkelheit.

und blickt ernst in die Runde.

„Ein paar Kleinkinder sind ja zu Hause geblieben!
Die werden schon sehen, was sie davon haben!
Wir sind acht. Das bedeutet,

5 wir bilden vier Paare per Losverfahren.
Immer zwei gleiche Buchstaben bilden ein Paar.
Klaro?"

Allgemeines Nicken folgt. Dann teilt Marvin
die Lose aus.

10 Marcel nimmt ein Los und hofft, dass er nicht
gegen Tom, Taifun oder Paul antreten muss.
Gegen die verzögerte Reaktion sieht er alt aus.
Am Ende kann ihre Selbstüberschätzung
den Tod bedeuten.

15 Bedächtig öffnet er sein Los. Ein „A" steht darauf.
Er sieht in die Runde. Die anderen halten
ihre Lose vor sich hin. Marcel sucht – und findet
das andere „A" in Patricks Hand.
Puh! Glück gehabt!

20 Patrick ist ein guter Gegner.
Ein eher vorsichtiger Typ.
Nach kurzen Absprachen machen sie sich
auf den Weg zu den Gleisen.
Patrick und Marcel sollen beginnen.

Kapitel 7a

Marcel parkt sein Fahrrad in der Nähe
des Wäldchens.

Er geht ein Stück den Wanderweg entlang.

Im Dunkeln suchen seine Augen nach der Bank,

5 an der sie sich treffen wollen.

Er hört die anderen schon von Weitem.

Einige haben schon mit Alkohol vorgeglüht.

„Total bescheuert!", denkt er.

Alkohol macht müde und man kann nicht mehr

10 schnell reagieren. Bei dieser Mutprobe
kann das den Tod bedeuten.

„Ey, Marcel!", grölt Tom. „Hier Kumpel, trink mal
nen Schluck. Das entspannt und macht mutig!"

„Nee, lass mal." Marcel winkt ab.

15 Er sieht in die Runde. Marvin ist natürlich
schon da. Er wirkt nüchtern, konzentriert. Er weiß,
was er tut. Marvin wird keinen Fehler machen.

Das ist Marcel klar.

Bob ist auch da und Tom. Paul und Taifun wirken

20 etwas benebelt vom Alkohol.

In der Dunkelheit hören sie Stimmen.

Es sind Patrick und Finn. Sie machen
einen nüchternen Eindruck.

„Wir werden jetzt die Paare einteilen", sagt Marvin

Aber ist das, was er vorhat, vernünftig?

Eher lebensgefährlich.

schaltet den Fernseher ein. Es läuft nur Mist.

Wie immer.

Aber er kann eh nur an die Mutprobe denken.

Wenn er nun zum letzten Mal in seinem Zimmer

5 sitzt?

Wenn er seine Eltern gleich zum letzten Mal sieht?

Wenn die wüssten …

Marcel kauert sich auf seinem Bett zusammen.

Und wenn er einfach nicht hingeht?

10 Dann ist er unten durch. Ein Looser!

Alle werden über ihn lachen und ihn

auf Facebook bloßstellen.

Wahrscheinlich werden alle anderen hingehen.

Den Spott würde er nicht ertragen. Erst die Abfuhr

15 von Cindy und dann auch noch als Weichei

verschrien werden. So würde er nie wieder

eine Freundin finden!

Richtige Männer sind begehrt. Er hat mal

gehört, wie ein paar Mädchen aus seiner Klasse

20 sich über Männer unterhalten haben. Sie haben

gesagt, dass sie eher auf Ältere stehen.

Jungs gleichen Alters seien für sie nicht interessant.

Die seien noch wie Kinder und so unvernünftig.

Die Mutprobe macht er, um als Mann zu gelten.

Kapitel 6a

Am Samstag hat Marcel dann aber doch
ein mulmiges Gefühl im Bauch. Seine Nerven
liegen jetzt schon blank. Er hat die letzten Tage
an nichts anderes mehr denken können.

5 Gestern ist er zur Einstimmung schon einmal
zur Rennstrecke gelaufen, um sich einen Überblick
zu verschaffen. Er hat sich genau hinter der Kurve
an die Strecke gestellt.
Ein Zug ist mit rasender Geschwindigkeit
10 an ihm vorbeigefahren.
Der Luftzug allein hat ihn fast umgehauen.
Außerdem hat er den herannahenden Zug
erst sehr spät gehört. Man wird nur Bruchteile
von Sekunden Zeit haben, um zu reagieren.
15 Auf der geraden Bahnstrecke wäre das sicherlich
etwas einfacher gewesen, aber hinter der Kurve ...

Inzwischen hält er die Idee für puren Irrsinn.
Es ist einfach lebensgefährlich. Aber wie hat
Marvin gesagt? „No Risk, no Fun!"
20 Der Nervenkitzel ist jedenfalls da.
Marcel sieht auf seine Uhr. Es ist erst kurz
nach acht. Er versucht sich etwas abzulenken und

Risiko kein Spaß!) Er zuckt gleichgültig
mit den Schultern.
„Also: Wer mitmachen möchte, kommt
am Samstag um 21.30 an die Rennstrecke.
5 Wir treffen uns bei der Bank. Ihr wisst schon.
Die Babys können zu Hause bleiben.
Hosenscheißer können wir hier nicht gebrauchen!
Immer zu zweit wird die Prüfung durchgeführt.
Am Ende wird es ein Stechen zwischen
10 den beiden Besten geben. Der Sieger darf dann
die nächste Mutprobe planen."

Marvin blickt vorsichtig in die Runde.
Einige grölen siegessicher, andere blicken
eher sorgenvoll aus der Wäsche.
15 Marcel ist sich sicher: Diese Prüfung
wird er bestehen. Allen wird er es beweisen!
Außerdem: Die anderen werden kein gutes Haar
an den Weicheiern lassen, die an der Prüfung nicht
teilnehmen. Sie werden es schwer haben –
20 in der Schule und überhaupt.

Marcel will so sehr ein ganzer Kerl sein,
sich endlich wieder gut fühlen.
Er wird das Risiko eingehen.

Jetzt machen wir was für Erwachsene.

An der Bahnstrecke werden wir uns auf

die Gleise der so genannten Rennstrecke stellen."

Marcel stockt der Atem. Die Rennstrecke ist

5 eine Bahnstrecke, die durch ein Wäldchen führt;

eine gerade Strecke, auf der alle Züge

sehr schnell fahren.

Die einzige Kurve liegt eben in diesem Wäldchen.

Die Bahngleise sind dadurch sehr schlecht

10 einsehbar. Früher haben sie dort oft gespielt.

„Wir wollen mal sehen, wer von uns

die stärksten Nerven hat. Die Aufgabe lautet:

Wir stellen uns auf die Gleise. Wir warten

auf einen Zug. Wer es am Längsten schafft,

15 auf den Gleisen stehen zu bleiben,

ist eine Runde weiter.

Wer feige ist und zu früh zur Seite springt,

der ist nichts für unsere Truppe.

Der ist ein Weichei!"

20 Alle schweigen.

Tom meldet sich zu Wort: „Aber wenn einer

zu lange wartet, dann ist er tot!"

Marvin grinst überlegen. „No Risk, no Fun!" *(Ohne*

31

und grinst dabei breit in die Runde.

„Ich dachte mir, wir sollten unsere
Treffen mal wieder nach alter Tradition
fortführen ..."

5 „Hey, nun laber nicht so geschwollen rum!"
Bob verdreht genervt die Augen.

Marvin sieht ihn drohend an. Das Grinsen
ist aus seinem Gesicht verschwunden.

„Ich habe mir was überlegt.

10 Wir brauchen mal wieder einen Kick!"
Marcel blickt in die Runde.

Es ist still. Alle wissen noch genau, was es
mit dem Wort „Kick" auf sich hat.

Es sind Mutproben. Wer sie nicht besteht oder

15 sich weigert, der wird aus der Gruppe
ausgestoßen und lächerlich gemacht.

Die meisten sehen betreten zu Boden.

Sie warten, dass Marvin etwas vorschlägt.

Das, was er sich als „Kick" überlegt hat.

20 Früher haben sie Regenwürmer gegessen und
sind auf Brückengeländern balanciert.

Das ist „Kinderkram" gewesen. Das wissen sie.

Es wird etwas völlig Neues, Abartiges sein.

„Ich hab' mir mal was Neues überlegt.

Am nächsten Abend macht sich Marcel rechtzeitig
auf den Weg. Er ist neugierig.
Als er am Lokschuppen ankommt,
sind die anderen schon da.
5 Sie hocken auf einem Mauerrest im Inneren
des Schuppens.
Eine Flasche Wodka macht die Runde.
In der Flasche sind Eisbonbons aufgelöst.
Die Flüssigkeit schimmert bläulich im Licht.
10 „Hey, da bist du ja endlich!", begrüßt ihn Marvin.
Außer Marvin sitzen da noch Paul und Taifun
aus der Schule. Bob, Tom, Finn und Patrick
kennt er vom Fußball.
„Hallo!"
15 Die Jungen nicken nur.
Marvin bedeutet ihm, sich zu setzen. Ehe Marcel
sich versieht, hält er die Flasche in der Hand.
Der Wodka schmeckt nach Eisbonbons.
Süß und künstlich.
20 Marcel reicht die Flasche weiter, nachdem er
einen weiteren großen Schluck genommen hat.

Marvin schlägt mit einem rostigen Metallteil
gegen die Flasche. Augenblicklich ist es still.
„Jungs, wir sind nicht nur zum Spaß hier!", sagt er

Marcel dreht sich um und geht. So eine Scheiße!

Als ob die Abfuhr in der Eisdiele

nicht schon schlimm genug gewesen wäre!

Marcel hat den Gedanken noch nicht ganz zu

5 Ende gedacht, da vibriert sein Smartphone.

Marcel schaut auf das Display.

Eine Nachricht von Marvin.

„Hi, morgen Abend um 18 Uhr Treffen im alten

Lokschuppen. Marvin"

10 Was soll das denn jetzt?

Im alten Lokschuppen haben sie sich früher

öfter getroffen. Sie haben dort gespielt und

den Nervenkitzel genossen, denn das alte Gebäude

steht seit Jahrzehnten leer und

15 ist einsturzgefährdet.

Sie haben die Fensterscheiben allesamt

mit Steinen eingeworfen und

kleine Lagerfeuer entfacht.

Einmal hat sie ein Wachmann fast erwischt,

20 aber sie sind einfach schneller gewesen als er.

Seitdem sind sie nicht mehr da gewesen.

Das ist jetzt bestimmt zwei Jahre her.

andere Mütter haben auch hübsche Töchter!"
Dass er nicht in der Schule gewesen ist, haben sie
nicht bemerkt, weil sie beide gearbeitet haben.
Nur einmal hat seine Mutter sich gewundert,
5 dass er zu Hause war. Marcel hat ihr dann
vorgelogen, dass der Lehrer krank sei und
die beiden letzten Stunden daher ausgefallen seien.
Sie hat ihm geglaubt.

Aber so kann es ja auch nicht weitergehen.
10 Das ist ihm klar. Also rafft er sich auf und
geht wieder zur Schule.
Er vermeidet es aber weiterhin,
Cindy zu begegnen. Zu peinlich ist ihm alles.
An einem Montag sieht er Cindy dann aber
15 in der Pause. Sie steht etwas abseits
mit ihrer Freundin Lara.
„Wichser, Penner, Arschloch!", hört er sie sagen.
Ob sie damit ihn meint? Das will er wissen.
Er nimmt all seinen Mut zusammen.
20 „Hey, was sind denn das für schlimme Wörter
von so einer hübschen Frau?", sagt er zu Cindy.
Aber Cindy schaut nur völlig genervt zu ihm rüber.
Und Lara gibt ihm ein deutliches Zeichen,
dass er das Weite suchen soll.

Kapitel 5a

Die nächsten Tage fühlt sich Marcel wie

in einem schlechten Traum. Er hat zu nichts Lust,

keinen Appetit. In seinem Kopf ist einfach nur

ein riesiges schwarzes Loch.

5 Er beschließt, die Schule zu schwänzen.

Er kann sich sowieso nicht konzentrieren.

Außerdem könnte er es nicht ertragen,

sie auf dem Schulhof zu sehen.

Es wäre das Schlimmste für ihn,

10 wenn sie ihm über den Weg liefe.

Mit Adnan hat er noch nicht gesprochen.

Adnan hat zwar schon gestern bei ihm angerufen,

aber seine Mutter hat ihn freundlicherweise

verleugnet. Sie hat gesagt, er sei nicht da.

15 Er hat sie darum gebeten.

Allerdings sind seine Eltern gerade ziemlich

sauer auf ihn. Sie wissen ebenfalls nicht,

was mit Marcel los ist.

Marcel würde natürlich lieber tot umfallen,

20 als seinen Eltern von der Sache zu erzählen.

Er hat im Moment einfach keinen Nerv

auf ihre schlauen Sprüche. Bestimmt würde

sein Vater sagen: „Ach weißt du,

Wenn du einen Schlussstrich ziehen würdest, dann lies weiter auf Seite 26.

Wenn du es noch einmal versuchen würdest, dann lies weiter auf Seite 52.

Cindy sieht ihn an.

Ehe er sich versieht, springt sie auf und geht.

Marcel versteht die Welt nicht mehr.

Na, das ist ja wohl voll in die Hose gegangen.

5 Scheiße! Das hat er wohl total vermasselt.

War er doch zu voreilig?

Hat er ihre Blicke so falsch gedeutet?

Marcel will sich am liebsten selbst ohrfeigen.

Er ist so ein Idiot! Bestimmt will sie

10 nun gar nichts mehr von ihm wissen.

Marcel zahlt die Eisbecher und fährt traurig

nach Hause.

Dort angekommen, wirft er sich auf sein Bett.

Er denkt nach. Er ist so wütend – und enttäuscht.

15 Hat er das alles völlig falsch verstanden? Hat er

sich so geirrt?

Was würdest du an Marcels Stelle tun?

Würdest du Cindy abschreiben? Dich nicht mehr bei

ihr melden?

Oder würdest du hartnäckig bleiben und es noch

einmal versuchen? Auch wenn du dich dann

vielleicht völlig zum Trottel machst?

„Ja, gerne. Nach der 6. Stunde am Schultor?"

„Okay. Bis dann!" Marcel grinst zufrieden.

„Bis nachher!", flötet Cindy.

Nach der 6. Stunde beeilt sich Marcel,

5 zum Fahrradständer zu kommen. Da kommt auch

schon Cindy. Ihre langen Haare wippen

bei jedem Schritt.

Er schiebt sein Fahrrad neben sich her,

als sie sich auf den Weg zur Eisdiele machen.

10 Auf dem Weg plaudern sie über den Schultag.

In der Eisdiele finden sie einen schönen Platz

auf der Terrasse.

Sie bestellen sich jeder einen Eisbecher.

Marcel ist aufgeregt. Er will Cindy unbedingt

15 erzählen, dass er sich in sie verliebt hat.

Er nimmt all seinen Mut zusammen: „Du – Cindy?

Ähm, ich meine ... Äh, ich glaube ich höre mich

jetzt gerade an wie ein Vollidiot, aber ich glaube –

ich habe mich in dich verliebt!"

20 Marcels Herz schlägt ihm bis zum Hals. Oh Mann,

wie peinlich. Das Gestottere geht ja gar nicht.

Bestimmt hält sie ihn nun für einen Vollidioten

und wird gleich loslachen und sich über ihn

lustig machen!

Kapitel 4

Am Montag hat Marcel in den ersten beiden
Stunden Mathe. Er mag Mathematik.
Es ist alles so schön berechenbar.
In der großen Pause strömt alles nach draußen.
5 Mit ein paar Jungs aus seiner Klasse setzt er sich
auf den Rasen. Das Spiel von gestern hat er noch
nicht so ganz verdaut. Das war aber auch
eine schöne Blamage!
Marcels Blick wandert über den Schulhof.
10 Wo ist Cindy bloß? Er kann sie nirgends sehen!
Da hört er plötzlich Laras Stimme hinter sich.
Er dreht sich um und – tatsächlich: Lara hat Cindy
im Schlepptau und die beiden steuern direkt auf ihn
zu. Cindy ist aber so in ihr Gespräch mit Lara
15 vertieft, dass sie ihn gar nicht bemerkt. Als sie auf
seiner Höhe sind, streckt Marcel den Arm aus und
hält sie am Bein fest. Cindy strauchelt kurz, findet
dann aber schnell wieder das Gleichgewicht und
sieht ihn etwas wütend an. Als sie ihn erkennt,
20 wird aus ihrem bösen Blick allerdings ein Lächeln.
„Hey du!", sagt er.
„Hallo!", antwortet Cindy.
„Ich wollte dich fragen, ob du nach der Schule
Zeit hast. Wir könnten ein Eis essen gehen."

ein Unentschieden zu erreichen.

Nach dem Spiel ist die Stimmung natürlich

schlecht. Es wird kaum gesprochen.

Marcel packt seine Tasche und fährt

5 mit dem Fahrrad nach Hause. Er ist wütend.

Das hätte nicht sein müssen!

Er hat es gleich gewusst, dass das mit der Party

keine gute Idee war.

Zu Hause angekommen, schmeißt er seine Tasche

10 in die Ecke und geht in sein Zimmer.

Dort legt er sich aufs Bett.

Er denkt noch kurz an Cindy. Das war nett

gestern Abend! Schade, dass sie

so schnell gegangen ist. Vielleicht ergibt sich ja

15 noch mal eine Gelegenheit, bei der er sie

wieder sprechen kann.

Vielleicht morgen in der Schule?

Marcel hat den Gedanken noch gar nicht zu Ende

gedacht, da ist er auch schon eingeschlafen.

zwei Bälle nicht gehalten,
die er hätte halten müssen!

Zur Halbzeit halten sie noch mal Kriegsrat
in der Umkleide. Philipp, der Trainer, ist genervt:
5 „Was ist los mit euch, Jungs?", fragend sieht er
in die Runde. „Mensch, das ist ein Heimspiel
für euch! Wir hatten das doch geübt. Jeremy,
du musst viel offensiver an den Gegner rangehen!
Und Marcel – wo bleibt deine Manndeckung?
10 Die stehen alle frei und dann wundert ihr euch,
wenn die einen nach dem anderen reinballern.
Marvin, du bist Torwart! Schon vergessen?
Du sollst die Bälle halten! Nicht dabei zusehen,
wie sie ins Netz rollen!"
15 Marcel guckt betreten zu Boden.
„Mensch, reiß dich zusammen!", denkt er bei sich.
„Das darf einem Profi nicht passieren!"

Die zweite Halbzeit verläuft nur unwesentlich
besser. Zu allem Übel fliegt Jeremy dann auch
20 noch mit einer roten Karte vom Platz und sie
müssen in Unterzahl weiterspielen.
In der 72. Minute fällt dann das 3:0 und damit stirbt
die letzte Hoffnung, doch noch wenigstens

Kapitel 3

Am nächsten Morgen geht Marcels Wecker los.

Es kommt ihm vor, als wäre es noch mitten

in der Nacht. Er ist noch so müde.

Marcel blickt auf die Uhr. Scheiße! In einer Stunde

5 geht das Spiel los! Er muss sich beeilen!

Marcel steht auf und schlurft ins Badezimmer.

Er sieht sich im Spiegel an.

Zufrieden betrachtet er sich. Ja, okay, er sieht

noch ziemlich verpennt aus, aber ansonsten ist er

10 sehr zufrieden mit seinem Körperbau.

Er trainiert seit einigen Wochen mit Hanteln und

macht täglich Liegestütze.

Er will nicht so eine Hühnerbrust haben.

Marcel steigt unter die Dusche, zieht sich an und

15 packt seine Tasche. Beim Hinausgehen kaut er

noch ein Toastbrot, das er sich auf die Schnelle

geschmiert hat.

Das Spiel verläuft so, wie Marcel es schon

befürchtet hat. Der 1. FC Union beherrscht

20 das Spiel von der ersten Minute an. Sie sind eben

einfach besser. Fabian und Jeremy sind genauso

verkatert wie Adnan. Außerdem hat Marvin schon

Na super! Das kann ja was werden.

Mehr als die Hälfte der Mannschaft sitzt hier

auf der Fete und alle sind sie betrunken oder

zumindest kurz davor.

5 Und das vor dem wichtigen Spiel morgen.

Marcel steht auf. Ihm wird etwas schwindelig und

er gerät leicht ins Taumeln.

„Ey, du machst doch jetzt nicht schlapp!",

lallt Marvin. Marvins Augen sind gerötet und

10 es fällt ihm schwer zu sprechen.

Na toll! Marcel sieht den 1. FC Union

schon einen Sieg einfahren.

Er nimmt seine Jacke und geht nach Hause.

von der Bank kippst! Ich möchte dich doch
so gerne etwas besser kennenlernen", sagt er und
versucht zu lächeln.

Sie reden den ganzen Abend über die Schule,
5 ihre Interessen und Musik. Die Zeit vergeht im Nu.
Plötzlich steht Lara bei ihnen. „Hey Cindy!
Wir müssen los! Wir haben total die Zeit vergessen!
Es ist schon halb elf. Mein Alter dreht durch.
Wir müssen uns beeilen!"
10 „Sorry. Wir können unser Gespräch ja
ein anderes Mal weiterführen." Cindy nimmt
ihre Jacke.
Marcel blickt ihr etwas verdattert hinterher.
„Schade!", denkt er, als sie mit ihrer Freundin
15 um die Ecke verschwindet.

„Na, wurdest du auch verlassen?" Adnan steht
plötzlich neben ihm.
„Komm Alter, wir trinken noch einen!"
Marcel folgt Adnan.
20 Sie gehen zu ihrer Fußball-Clique. Den Rest
des Abends trinken sie viel zu viel. Reihum werden
süße Schnäpse verteilt. Marcel fühlt sich,
wie in Watte gepackt. Er denkt noch an das Spiel.

Die beiden reden nun schon eine ganze Weile.

Marcel sieht sich nach Cindy um. Da ist sie!

Cindy sitzt allein auf einer Bank. Marcel geht zu ihr.

Cindy sieht ihn an. Marcel spürt gleich wieder

5 dieses Kribbeln im Bauch.

„Na, ganz alleine und verlassen?" fragt Marcel
und setzt sich neben sie.

„Ja, irgendwie ...", stammelt Cindy etwas verlegen.

„Was möchtest du trinken?", fragt Marcel

10 sehr höflich. „Egal, bloß kein Bier mehr, bitte!"

Marcel geht zum Getränketisch und holt
zwei Mischgetränke.

Er ist sich etwas unsicher, aber Mischgetränke
mag eigentlich jeder. Außerdem ist er

15 etwas aufgeregt. Cindy trinkt zügig.

Im Nu ist ihr Becher leer.

Marcel lacht sie an: „Na, da war aber jemand
durstig! Da kann ich ja gleich noch mal gehen!"

Cindy lächelt ihn an.

20 Marcel beschließt, ihr diesmal nur
eine normale Cola zu holen. Schließlich will er sie
ja kennenlernen und nicht betrunken machen.

Cindy lächelt ihn dankbar an und Marcel
zwinkert ihr zu.

25 „Ich will ja nicht, dass du mir gleich

16

„Hey, Geburtstagskind! Alles Gute! Hier, ich habe
dir auch ein feines Schlückchen mitgebracht",
Marcel überreicht ihm mit einer großen Geste
die Flasche.„Danke, Alter! Komm mal mit,
5 ich zeige dir mal, was ich für Musik geladen habe!"
Die beiden gehen hinüber zum Notebook.
Adnan hat zusätzlich noch ein kleines Mischpult.
Der Sound, der aus den Boxen kommt, ist super.

„Hey, ihr Zuckerschnecken, da seid ihr ja!",
10 ruft Adnan plötzlich. „Hallo!", rufen Cindy und
Lara wie aus einem Mund gegen die Musik an.
„Darf ich euch Marcel vorstellen? Marcel, das sind
Cindy und Lara, auch von unserer Schule!"
Marcel blickt die beiden an.
15 Er sieht Cindy tief in die Augen. In seinem Bauch
kribbelt es. Sie sieht wirklich toll aus! Die Mädchen
sagen „Hallo!", aber dann zieht Lara ihre Freundin
zur Seite. Weg sind sie!
„Schade", denkt Marcel, allerdings lenkt Adnan
20 das Gespräch dann auch gleich wieder
auf die Musik.

Um neun ist die Party bereits in vollem Gange.
Adnan hat sich mit Lara in eine Ecke verzogen.

15

Marcel sieht Adnan etwas verlegen an.

Es ist ihm etwas peinlich.

Marcel ist zum ersten Mal so richtig verliebt.

Die mit den langen dunklen Haaren findet er toll.

5 Seit Wochen schon beobachtet er sie. Marcel mag
die Art, wie sie sich bewegt, wie sie lacht.

„Die da mit den langen, dunklen Haaren!"

„Cindy! Ja, die ist auch nett. Obwohl ich ja eher
auf ihre Freundin stehe, Lara. Aber ich kann dich

10 beruhigen. Die beiden habe ich eben gerade
schon eingeladen."

„Na, dann komme ich natürlich auch!",
ruft Marcel lachend und gibt seinem Kumpel
einen Klaps auf die Schulter.

15 „Vergiss nicht, was zu trinken mitzubringen!",
ruft Adnan noch hinter ihm her.

Aber sein Rufen geht im Pausengeläut unter.

Als Marcel am Sonnabend bei Adnans Fete
eintrifft, sind die Mädchen noch nicht da.

20 Marcel ist etwas enttäuscht, aber es ist ja noch früh
und vielleicht kommen sie ja auch noch.

„Marcel, schön dass du da bist!" Adnan kommt
ihm entgegen.

in Politik und Sport erst recht. Sein verhasstes Fach
ist Kunst. Er sieht einfach keinen Sinn darin,
irgendwelche Bilder zu malen.
Endlich Pause!
5   Marcel geht mit den anderen Schülern
auf den Pausenhof. Im Flur trifft er Adnan.
„Ey, Marcel!" Adnan packt ihn von hinten
an der Schulter.
„Hey, Alter!" Sie begrüßen sich
10 mit ihrem Freundschaftsgruß,
den sie sich schon vor Jahren ausgedacht hatten.

„Sag mal, wie sieht es mit den Mädels aus?"
Marcel grinst seinen Freund an.
„Hab ein paar eingeladen. Irgendwelche
15 speziellen Wünsche?"
Marcel schaut sich auf dem Pausenhof um.
Sein Blick bleibt bei zwei Mädchen hängen,
die aufgeregt miteinander sprechen.
Die eine von den Mädchen da findet er süß.
20 Er kennt ihren Namen nicht.
Er weiß nur, dass sie in Adnans Klasse geht.
Adnan folgt Marcels Augen und grinst.
„Ich fass es nicht. Auf die bist du scharf?
Welche von beiden ist denn die Glückliche?"

Dort angekommen, pfeffert er seinen Rucksack
auf den Tisch.
„Hey, Digger, was geht?"
Ronny, sein Sitznachbar, grinst ihn an.

5 Ronny und Marcel kennen sich schon
seit der Einschulung. Sie sind immer
in einer Klasse gewesen.
Ronny ist der Klassenkasper.
Er ist immer lustig und es wird nie langweilig.
10 Es macht so einen Spaß, zu sehen,
wie Ronny die Lehrer an den Rand
eines Nervenzusammenbruchs bringt.
Aber er ist auch ein prima Kumpel.
Immer da, wenn man ihn braucht.
15 In der ersten Stunde haben sie Politik.
Marcels Lieblingsfach – neben Sport natürlich.

Sie bekommen ihre Arbeiten wieder.
„Marcel, das freut mich. Du hast eine eins
geschrieben. Die beste Arbeit!" Herr Gronwald
20 nickt Marcel anerkennend zu.
Einige aus der Klasse applaudieren.
Marcel ist ein eher durchschnittlicher Schüler.
Aus diesem Grund freuen ihn seine guten Noten

Kapitel 2

Am nächsten Morgen schlendert Marcel
ins Schulgebäude. Einige Bekannte laufen ihm
über den Weg und er grüßt sie lässig.

Vor der Lehrerzimmertür bleibt er stehen und
5   klopft an. „Ist Frau Meisch da?", fragt er
Herrn Fischer, der die Tür öffnet.

„Erst einmal heißt das ‚Guten Morgen
Herr Fischer'", grunzt dieser empört und
geht Frau Meisch holen.

10 Marcel wartet. Frau Meisch erscheint
nur wenige Augenblicke später in der Tür.
Sie sieht Marcel nur an.

„Guten Morgen, Frau Meisch. Ich wollte mich noch
bei ihnen entschuldigen wegen gestern.

15 Tut mir leid!" Marcel blickt verlegen zu Boden.
Als er wieder hochsieht, nickt Frau Meisch und sagt:
„Es ist ja in Ordnung, wenn dich
die weiblichen Kurven interessieren. Nur bitte nicht
in meinem Kunstunterricht!" Mit diesen Worten

20 schließt sie die Tür vor seiner Nase.

„Blöde Zippe!", denkt Marcel, als er sich
auf den Weg in seine Klasse macht.

auf die Sprünge helfen?"

Marcel sieht seine Mutter an. „Oh Mann,

dass Weiber auch nie ihre Schnauze halten ..."

„Na, na, na!", unterbricht seine Mutter ihn.

5 Marcel hebt ergeben die Hände.

„In Ordnung. Ich entschuldige mich! Sag Papa

bitte nichts davon, okay? Was müssen

Lehrerinnen auch immer so prüde sein.

Ich bin doch nur für etwas mehr Freizügigkeit

10 im Unterricht!"

Seine Mutter nickt und gibt ihm

einen leichten Klaps auf die Schulter,

als sie aus der Küche geht.

Während sie aus der Tür tritt,

15 seufzt sie: „Hach ja, die liebe Pubertät!"

Marcel schneidet ihr eine Grimasse,

die sie aber nicht mehr sieht – zum Glück.

Sie versucht noch ernst zu gucken, aber so ganz
will ihr das nicht gelingen.
Sie greift in den Kühlschrank und holt
einen fertig bestückten Teller mit den Resten
5 vom Mittagessen heraus. Sie stellt ihn
in die Mikrowelle. Aus der Schublade holt sie
Besteck und legt es an Marcels Platz.
Als Marcel zu essen beginnt, setzt sie sich zu ihm.
„Schmeckt es?"
10 „Hhm. Heiß. Aber okay!", antwortet Marcel
mit vollem Mund.
„Wie war es denn in der Schule?", fragt
seine Mutter eher beiläufig.
„Och, ganz okay ..." Marcel konzentriert sich
15 auf sein Essen.
„Ich frage nur, weil Frau Meisch vorhin hier
angerufen hat ...", seine Mutter macht
eine bedeutungsvolle Pause.
Marcel schweigt. Als seine Mutter nicht weiter
20 redet, er fragt leicht genervt:
„Ja und? Was wollte die?"
Seine Mutter zuckt mit den Schultern.
„Sie sagte irgendetwas von nackten Brüsten
im Kunstunterricht. Ich kann mir da gar nichts
25 drunter vorstellen! Kannst du mir da vielleicht etwas

Das muss man doch ausnutzen!"

Marcel grinst Adnan an. „Kommen denn auch
ein paar Mädels?"

„Na klar!" Adnan winkt zum Abschied,

5 dann biegt er in seine Straße ab.

Marcel fährt weiter geradeaus.

Zu Hause angekommen, feuert Marcel
seine Tasche in den Waschkeller und geht
die Treppen nach oben.

10 „Hallo Mutti, ist noch was zu Essen da?" Während
er das fragt, öffnet er bereits den Kühlschrank.
Marcel greift nach dem Tetra Pak mit Apfelsaft,
hält es sich an den Mund und trinkt.

„Also weißt du!" Entrüstet entreißt seine Mutter

15 ihm die Tüte und knallt sie nebst Glas
auf den Küchentisch. „Du kannst auch mal
ein Glas benutzen. Andere wollen vielleicht
auch noch etwas davon abhaben!"

„Ey Mutti, chill mal! Außer mir trinkt das doch

20 sowieso keiner. – Gibt es jetzt noch was
zu Essen oder nicht?"

Marcels Mutter sieht ihren Sohn an.

In der Umkleide ist stickige Luft.

Es riecht nach Schweiß und Deo.

Marcel zieht sein verschwitztes Trikot aus,

nimmt sein Duschgel und sein Handtuch und

5 gesellt sich in der Dusche zu den anderen.

„Ey Alter! Das war ja wohl geil! Sorg mal dafür,

dass wir am Sonntag gegen Union auch so viele

Tore machen!" Adnan jubelt ihm zu.

Adnan besucht auch Marcels Schule. Zwar ist er

10 noch zwei Klassen unter ihm, aber Marcel und

Adnan verstehen sich gut. Sie kennen sich

durch das Fußballtraining schon sehr lange.

Später, als sie alle wieder angezogen sind und

sich auf den Nachhauseweg machen,

15 holt Adnan Marcel mit dem Fahrrad ein.

„Hey Marcel! Ich gebe am Samstag ne Party.

Komm doch auch."

„Ja, Samstag bin ich noch frei. Wird ja

ne harte Sache, wo wir Sonntag doch

20 die Union platt-machen wollen."

„Ist doch egal. Die putzen wir so oder so weg!"

Adnan grinst ihn an.

„Okay. Wann geht's los?"

„Um halb acht. Ich habe sturmfrei.

Kapitel 1

Marcel keucht. Er steht am Spielfeldrand und
stemmt seine Hände auf die Oberschenkel.
Er hat Fußballtraining. Seit er sechs Jahre alt ist,
kickt er schon in diesem Verein.
5 Eben hat er alles gegeben. Sie haben Torschüsse
geübt und er hat fast alle Bälle im Tor versenkt.
Er ist in Bestform!
Am Sonntag werden sie ihr Hinspiel gegen
den 1. FC Union haben. Harter Gegner!
10 Während Marcel mit den anderen zu
den Umkleiden marschiert, denkt er
an das bevorstehende Spiel.

Er wird im Sturm spielen.
Wenn Jeremy und Fabian im Mittelfeld spielen,
15 haben sie gute Chancen. Hauptsache Marvin ist
wieder fit. Marvin ist ihr Torwart. Marcel hält
große Stücke auf ihn. Marvin ist die Coolness
in Person. Wenn er die Bälle abwehrt, dann wirkt
das immer, als ob es nichts Leichteres
20 im Leben für Marvin gäbe.
Früher hat Marcel auch mal im Tor gestanden, aber
es war nicht sein Ding.

Liebe Leserin, lieber Leser,

das Buch „Cindy und Marcel – eine Liebesgeschichte?!" ist ein besonderes Buch!
Bevor du anfängst zu lesen, solltest du Folgendes wissen:

- In dem Buch werden zwei Geschichten erzählt: die von Cindy und die von Marcel. Blätterst du gleich um, beginnt die Geschichte von Marcel. Drehst du das Buch und beginnst dort, liest du die Geschichte von Cindy.

- In beiden Geschichten gibt es eine Stelle (am Ende von Kapitel 4), an der du für Cindy oder für Marcel entscheiden musst.

- Dort findest du auch den Hinweis, auf welcher Seite die Geschichte – je nachdem, wie du dich entschieden hast – weitergeht.

- Beide Geschichten können also zwei unterschiedliche Verläufe nehmen. Das heißt, jede Geschichte hat zwei unterschiedliche Enden.

Nun wünsche ich dir viel Spaß beim Lesen und vor allem beim Entscheiden!

Frauke Steffek

Übersicht

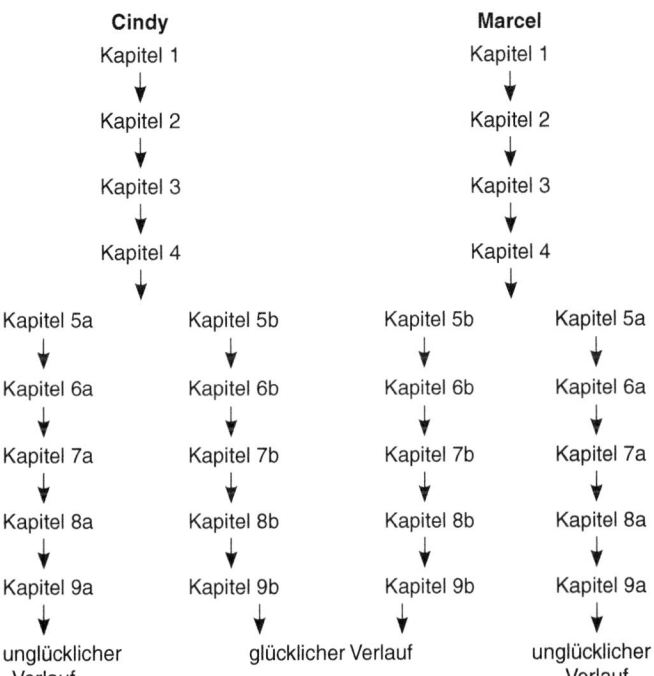

Ende

Inhaltsverzeichnis – Marcel

Kapitel 1 . . . . Seite 6

Kapitel 2 . . . . Seite 11

Kapitel 3 . . . . Seite 19

Kapitel 4 . . . . Seite 22

Kapitel 5a . . . . Seite 26

Kapitel 6a . . . . Seite 33

Kapitel 7a . . . . Seite 36

Kapitel 8a . . . . Seite 42

Kapitel 9a . . . . Seite 45

Kapitel 5b . . . . Seite 52

Kapitel 6b . . . . Seite 58

Kapitel 7b . . . . Seite 61

Kapitel 8b . . . . Seite 66

Kapitel 9b . . . . Seite 70

Wir verwenden in unseren Werken eine genderneutrale Sprache, damit sich alle gleichermaßen angesprochen fühlen. Wenn keine neutrale Formulierung möglich ist, nennen wir die weibliche und die männliche Form. In Fällen, in denen wir aufgrund einer besseren Lesbarkeit nur ein Geschlecht nennen können, achten wir darauf, den unterschiedlichen Geschlechtsidentitäten gleichermaßen gerecht zu werden.

In diesem Werk sind nach dem Markeng geschützte Marken und sonstige Kennzeichen für eine bessere Lesbarkeit nicht besonders kenntlich gemacht. Es kann also aus dem Fehlen eines entsprechenden Hinweises nicht geschlossen werden, dass es sich um einen freien Warennamen handelt.

7. Auflage 2025
© 2012 PERSEN Verlag, Hamburg

AAP Lehrerwelt GmbH
Vertaskai 5
21079 Hamburg
Telefon: +49 (0) 40325083-040
E-Mail: info@lehrerwelt.de
Geschäftsführung: Andrea Fischer, Sandra Sagbbazarian
USt-ID: DE 173 77 61 42
Register: AG Hamburg HRB/126335
Alle Rechte vorbehalten.

Das Werk als Ganzes sowie in seinen Teilen unterliegt dem deutschen Urheberrecht. Die Erwerbenden einer Einzellizenz des Werkes sind berechtigt, das Werk als Ganzes oder in seinen Teilen für den eigenen Gebrauch und den Einsatz im eigenen Präsenz- wie auch dem Distanzunterricht zu nutzen. Produkte, die aufgrund ihres Bestimmungszweckes zur Vervielfältigung und Weitergabe zu Unterrichtszwecken gedacht sind (insbesondere Kopiervorlagen und Arbeitsblätter), dürfen zu Unterrichtszwecken vervielfältigt und weitergegeben werden.

Die Nutzung ist nur für den genannten Zweck gestattet, nicht jedoch für einen schulweiten Einsatz und Gebrauch, für die Weiterleitung an Dritte einschließlich weiterer Lehrkräfte, für die Veröffentlichung im Internet oder in (Schul-)Intranets oder einen weiteren kommerziellen Gebrauch. Mit dem Kauf einer Schullizenz ist die Schule berechtigt, die Inhalte durch alle Lehrkräfte des Kollegiums der erwerbenden Schule sowie durch die Schülerinnen und Schüler der Schule und deren Eltern zu nutzen.

Nicht erlaubt ist die Weiterleitung der Inhalte an Lehrkräfte, Schülerinnen und Schüler, Eltern, andere Personen, soziale Netzwerke, Downloadtdienste oder Ähnliches außerhalb der eigenen Schule.
Eine über den genannten Zweck hinausgehende Nutzung bedarf in jedem Fall der vorherigen schriftlichen Zustimmung des Verlags. Sind Internetadressen in diesem Werk angegeben, wurden diese vom Verlag sorgfältig geprüft. Da wir auf die externen Seiten weder inhaltliche noch gestalterische Einflussmöglichkeiten haben, können wir nicht garantieren, dass die Inhalte zu einem späteren Zeitpunkt noch dieselben sind wie zum Zeitpunkt der Drucklegung. Der PERSEN Verlag übernimmt deshalb keine Gewähr für die Aktualität und den Inhalt dieser Internetseiten oder solcher, die mit ihnen verlinkt sind, und schließt jegliche Haftung aus.

Die automatisierte Analyse des Werkes, um daraus Informationen insbesondere über Muster, Trends und Korrelationen gemäß § 44b UrhG („Text und Data Mining") zu gewinnen, ist untersagt.

Autorschaft: Frauke Steffek
Covergestaltung: TSA&B Werbeagentur GmbH, Hamburg
Coverfoto: © helix
Satz: Satzpunkt Ursula Ewert GmbH, Bayreuth
Druck und Bindung: Esser printSolutions GmbH, Bretten

ISBN/Bestellnummer: 978-3-403-23151-6

www.persen.de

Frauke Steffek

Cindy und Marcel – Eine Liebesgeschichte?!

Eine Geschichte zum Mitentscheiden